Professor
Dr. Reinhold Pfeiffer/
Dr. Heidemarie Borgwadt

Algebraische Grundlagen

Ursprünglich erschienen bei Betriebswirtschaftlicher Verlag Dr . Th. Gabler GmbH, Wiesbaden 1993.

Lektorat: Dipl.-Kfm. Bärbel Petry
Satz: SATZPUNKT Ursula Ewert, Braunschweig

ISBN 978-3-409-92134-3 ISBN 978-3-663-13849-5 (eBook)
DOI 10.1007/978-3-663-13849-5

Die Deutsche Bibliothek – CIP-Einheitsaufnahme

Prof. Dr. Pfeiffer, Reinhold:
Algebraische Grundlagen / Reinhold Pfeiffer ; Heidemarie Borgwadt. – Wiesbaden : Gabler, 1993
(Gabler-Studientexte : Geprüfter Betriebswirt)
ISBN 978-3-409-92134-3

NE: Borgwadt, Heidemarie:

Inhaltsverzeichnis

Verzeichnis der Rechenoperationen

$+$	:	Addition, gelesen „plus“
$-$	:	Subtraktion, gelesen „minus“
$*$	:	Multiplikation, gelesen „mal“
$:$	:	Division, gelesen „durch“
$\sqrt{\ }$	:	Radizieren mit dem Wurzelexponenten 2, gelesen: „Quadratwurzel aus“, „Wurzel aus“
a^2	:	Potenzieren mit dem Exponenten 2, Quadrieren, gelesen: „Basis a hoch Exponent 2“
$\sqrt[n]{\ }$	:	Radizieren mit dem Wurzelexponenten $n \in IN^*$, gelesen: „n-te Wurzel aus“
a^n	:	Potenzieren mit dem Exponenten $n \in IR$, gelesen: „a hoch n“
$\log_b a$	:	Logarithmieren, gelesen: „Logarithmus von a zur Basis b, $a > 0$, $b > 0$, $b \neq 1$“
k.g.V	:	kleinstes gemeinsames Vielfaches

Verzeichnis der Symbole

$p, q, r, \ldots$: kleine lateinische Buchstaben bezeichnen in der Aussagenlogik Aussagen

$x, y, z, \ldots$: kleine lateinische Buchstaben sind Variablen eines bestimmten Grundbereiches

$X, Y, Z, \ldots$: große lateinische Buchstaben bezeichnen bestimmte Mengen

Bezeichnungen für Aussagenverbindungen:

$\neg p$: Negation (Verneinung) von p, gelesen „nicht p“

$p \wedge q$: Konjunktion (Verbindung durch „und“) von p und q,
gelesen: „p und q“, p und q gelten gleichzeitig

$p \vee q$: Alternative (Verbindung durch „oder“) von p und q,
gelesen: „p oder q“, Wahl zwischen zwei Möglichkeiten

$p \rightarrow q$: Implikation (Verbindung durch „wenn, dann“) von p und q,
gelesen: „wenn p, dann q“, p zieht q nach sich

$p \leftrightarrow q$: Äquivalenz (Verbindung durch „genau dann, wenn“ von p und q,
gelesen: „p genau dann, wenn q“; p und q sind gleichwertig

$p(x)$, $H(x)$: gelesen: p von x, H von x,
Aussageformen, die von x abhängig sind

π, ε: Buchstaben des griechischen Alphabets,
Aussprache: π – Pi, ε – Epsilon

$x \in X$: x ist Element der Menge X
$x \notin Y$: x ist nicht Element der Menge Y
$a \in \{b, c, a\}$: a ist Element der Menge mit den Elementen b, c, a

Bezeichnungen für Zahlenbereiche:

IN: Zahlenbereich der natürlichen Zahlen (ohne Null)
IN_0: Zahlenbereich der natürlichen Zahlen mit 0 oder der nicht negativen ganzen Zahlen
IG: Zahlenbereich der ganzen Zahlen
IQ_0^*: Zahlenbereich der gebrochenen Zahlen
IQ: Zahlenbereich der rationalen Zahlen
II: Zahlenbereich der irrationalen Zahlen
IR: Zahlenbereich der reellen Zahlen

$X = Y$: Die Mengen X und Y sind gleich
$X \subseteq Y$: Die Menge X ist eine Teilmenge von Y
$X \cup Y$: Vereinigungsmenge der Mengen X und Y
$X \cap Y$: Durchschnittsmenge der Mengen X und Y
$A \times B$: Produktmenge der Mengen A und B

Kommutativgesetz: Vertauschungsgesetz
Assoziativgesetz: Gesetz des Verbindens bzw. Verknüpfens
Distributivgesetz: Verteilungsgesetz

1. Grundlagen der Aussagenlogik

Lernziele:

Sie kennen einige Grundbegriffe und Gesetzmäßigkeiten der Aussagenlogik und können diese auf praktische Probleme anwenden.

Durch die Analyse der logischen Struktur einer Aussage können Sie den Wahrheitswert einer Aussage bestimmen.

Sie beherrschen unterschiedliche Aussagenverknüpfungen und können somit aus vorgegebenen Aussagen neue Aussagen bilden.

1.1 Aussagen

Logik

Im allgemeinen Sprachgebrauch begegnen Sie oft der Feststellung „Das ist doch logisch". Damit will Ihr Gesprächspartner zum Ausdruck bringen, daß die von Ihnen getroffene Behauptung klar, folgerichtig und damit vernünftig ist. Erscheint Ihnen ein Gedankengang unsinnig, also nicht folgerichtig, so bezeichnen Sie ihn als unlogisch, das heißt nicht der Logik entsprechend. Logisches Denken gibt es bereits so lange wie die Menschheit existiert. Das Ergebnis eines Denkprozesses formulieren Sie gedanklich oder sprachlich in Sätzen. Können Sie einer Behauptung einen Wahrheitswert zuordnen, das heißt, können Sie entscheiden, ob das Gesagte wahr oder falsch ist, dann handelt es sich im Sinne der Aussagenlogik um eine Aussage.

Definition

Ein sprachliches Gebilde nennt man eine Aussage genau dann, wenn es seinem Inhalt nach entweder wahr oder falsch ist.

Zweiwertige Logik

In der sogenannten zweiwertigen Logik kann man den Satz vom ausgeschlossenen Dritten „Jede Aussage ist wahr oder falsch" und den Satz vom ausgeschlossenen Widerspruch „Eine Aussage ist nicht wahr und falsch zugleich" beweisen.

Hinweise:

Aussagen bezeichnen wir mit kleinen lateinischen Buchstaben p, q, r, s, t …

Der Wahrheitswert einer Aussage wird mit „w" bezeichnet, wenn die Aussage ihrem Inhalt nach wahr ist. Ist eine Aussage falsch, so bezeichnet man ihren Wahrheitswert mit „f".

Beispiel:

1. Die Aussage p „Die natürliche Zahl 12 ist durch 2 teilbar" hat den Wahrheitswert „w", da es die natürliche Zahl 6 gibt, so daß die Gleichung $12 = 6 * 2$ eine wahre Aussage ist.

2. Die Aussage q „Die natürliche Zahl 14 ist in die Faktoren 3 und 5 zerlegbar" hat den Wahrheitswert „f", da die Gleichung $14 = 3 * 5$ eine falsche Aussage ist.
3. Die Aussage r „Aus den Zahlen 1 und 2 können Sie genau vier verschiedene neue zweistellige Zahlen bilden" ist wahr. Begründung: Die zweistelligen Zahlen 11, 12, 21 und 22 können aus den Zahlen 1 und 2 gebildet werden.
4. Bei einem Skatspiel sagt ein Spieler, nachdem die Karten verteilt sind: „Ich habe höchstens vier Buben". Diese Aussage ist natürlich wahr, da es in jedem Skatspiel genau vier Buben gibt. Der Spieler kann nach der Kartenverteilung also alle vier Buben oder drei Buben oder zwei oder einen oder gar keinen Buben erhalten haben.
5. Beim Würfeln mit drei Würfeln sagt ein Spieler: „Ich werde mindestens drei Augen würfeln". Diese Aussage ist wahr, da ja auf jedem Würfel die „1" die kleinste Augenzahl ist.

Aufgaben zur Selbstüberprüfung:

1. In einem Einkaufscenter kostet ein bestimmter Computer 4 499 DM.
   Welchen Wahrheitswert haben dann die folgenden Aussagen?

   a) Der Computer kostet mindestens 4 000 DM.
   b) Der Computer kostet höchstens 4 500 DM.
   c) Der Computer kostet genau 4 490 DM.

2. Geben Sie den Wahrheitswert der folgenden Aussagen an:

   a) Die natürliche Zahl 12 ist als Summe aus den Summanden 4 und 5 darstellbar.
   b) 2 ist ein Teiler von 1 122.
   c) $0 + 4 < 4$.
   d) Jedes Quadrat ist ein Rechteck.
   e) Jedes Rechteck ist ein Quadrat.
   f) 1 Prozent von 3 700 DM sind 37 DM.
   g) 2 Prozent von 3 700 DM betragen 50 DM.

3. Ermitteln Sie den Wahrheitswert der folgenden Aussagen, wenn angenommen wird, daß die beobachtete Straße nicht durch eine wasserundurchlässige Plane abgedeckt ist.

   a) Wenn es regnet, dann ist die Straße naß.
   b) Wenn die Straße naß ist, dann regnet es.
   c) Wenn die Straße nicht naß ist, dann regnet es nicht.
   d) Wenn es nicht regnet, dann ist die Straße nicht naß.

1.2 Aussageformen

Aussageform

Dem sprachlichen Gebilde „Am Tage x des Jahres 1991 wurde bei der Hamburger Sparkasse ein neues Sparkonto eröffnet" kann kein Wahrheitswert zugeordnet werden, so daß es sich nicht um eine Aussage handelt. Eine Überführung eines derartigen sprachlichen Gebildes, das man auch Aussageform nennt, in eine Aussage ist möglich, wenn man die Variable x der Reihe nach durch die verschiedenen Tage des Jahres 1991 ersetzt. Man sagt: „In der Aussageform p(x) muß die freie Variable x durch die Elemente des zulässigen

Grundbereiches X von x gebunden werden, um sie in eine Aussage zu überführen." Der zulässige Grundbereich X der Variablen x in der angegebenen Aussageform ist die Menge, die als Elemente alle Tage vom 1. 1. bis zum 31. 12. des Jahres 1991 enthält.

Definition

Ein sprachliches Gebilde nennt man eine Aussageform genau dann, wenn es mindestens eine freie Variable enthält und es zu einer Aussage wird und wenn alle auftretenden Variablen durch die Elemente des Grundbereiches der Variablen gebunden werden.

Zahlenbereiche

Als Grundbereiche für frei wählbare Variablen werden häufig die Zahlenbereiche benutzt, auf die wir in den Kapiteln 2 und 3 näher eingehen werden.

Hinweise:

Aussageformen bezeichnen wir mit kleinen lateinischen Buchstaben unter Beifügung der verwendeten freien Variablen, zum Beispiel p(x), q(y), r(s), t(x,y), ...

Die freien Variablen bezeichnen wir mit kleinen lateinischen Buchstaben, zum Beispiel x, y, z, u, v, ...

Die Grundbereiche der Variablen sind Mengen, die mit lateinischen Großbuchstaben bezeichnet werden, zum Beispiel X, Y, Z, U, V ... oder

IN: Zahlenbereich der natürlichen Zahlen
IN_0: Zahlenbereich der nichtnegativen ganzen Zahlen
IG: Zahlenbereich der ganzen Zahlen
IQ_0^*: Zahlenbereich der gebrochenen Zahlen
IQ: Zahlenbereich der rationalen Zahlen
IR: Zahlenbereich der reellen Zahlen

Die Schreibweise „$x \in X$" bedeutet „x ist Element des vorgegebenen Grundbereiches X".

Eine Aussageform, die mehrere freie Variablen enthält, ist entsprechend durch p(x, y, z) mit $x \in X$, $y \in Y$, $z \in Z$ darzustellen.

Merke

Einer Aussageform kann man keinen Wahrheitswert zuordnen, das heißt, eine Aussageform p(x) mit $x \in X$ ist weder wahr noch falsch. Durch die Belegung der freien Variablen mit den Elementen des Grundbereiches wird eine Aussageform in eine Aussage überführt.

Beispiel:

1. Gegeben sei die Aussageform p(z): „Der Student z ist 25 Jahre alt". Als Grundbereich Z von z wählen wir die Menge, die als Elemente alle Namen der Studenten eines bestimmten Lehrgangs „Staatlich geprüfter Betriebswirt" enthält. Die Aussageform p(z) wird in eine Aussage mit einem bestimmten Wahrheitswert überführt, wenn man die freie Variable durch die verschiedenen Elemente des Grundbereiches ersetzt.
2. Die Aussageform q(x): „$2 + x = 5$" mit $x \in X$ und $X = \{2, 3, 4\}$ soll durch Belegung der Variablen mit den Elementen des Grundbereiches in Aussagen überführt werden. Geben Sie den Wahrheitswert der entstandenen Aussagen an.

Die Aussage „$2 + 2 = 5$" hat den Wahrheitswert „f".
Die Aussage „$2 + 3 = 5$" ist wahr.
Die Aussage „$2 + 4 = 5$" ist falsch.

3. Die Aussageform r(u, v, w): „$u - v = w$" mit den Grundbereichen $U = \{1, 2\}$, $V = \{3, 4\}$, $W = \{6\}$ und $u \in U$, $v \in V$, $w \in W$ soll durch Belegung der Variablen mit den Elementen der Grundbereiche in Aussagen überführt werden. Geben Sie jeweils den Wahrheitswert der entstandenen Aussage an.

Lösung:

1. Schritt: Die freien Variablen werden mit den Elementen $u = 1$, $v = 3$, $w = 6$ belegt. Die Aussageform r(u, v, w) wird damit in die falsche Aussage r(1, 3, 6): „$1 - 3 = 6$" überführt.

2. Schritt: Die freien Variablen werden durch die Belegung $u = 1$, $v = 4$, $w = 6$ gebunden. Dadurch wird die Aussageform in die falsche Aussage „$1 - 4 = 6$" überführt.

3. Schritt: Die Belegung der Variablen durch $u = 2$, $v = 3$, $w = 6$ führt zu der falschen Aussage $2 - 3 = 6$.

4. Schritt: Die letzte mögliche Bindung der freien Variablen mit den Elementen der Grundbereiche erfolgt durch $u = 2$, $v = 4$, $w = 6$. Die entstandene Aussage „$2 - 4 = 6$" ist wiederum falsch. Es gibt also keine Belegung der freien Variablen u, v und w mit den Elementen der Grundbereiche, so daß die Aussageform in eine wahre Aussage überführt wird. Man kann auch sagen, bei jeder beliebigen Belegung von u, v, w mit den Elementen der Grundbereiche entsteht aus der Aussageform r(u, v, w) eine falsche Aussage.

Methoden

Allquantor

Existentialquantor

Außer der Belegung einer freien Variablen x mit den Elementen eines vorgegebenen Grundbereiches X gibt es noch die Methode „Quantifizierung der freien Variablen", um eine Aussageform in eine Aussage zu überführen. Sie werden hier nur zwei Möglichkeiten der sogenannten Quantifizierung der freien Variablen kennenlernen. Eine Aussageform p(x) mit $x \in X$ kann durch die Quantifizierung mit dem sogenannten Allquantor „Für alle $x \in X$ gilt: p(x)" in eine Aussage überführt werden. Durch die Quantifizierung mit dem sogenannten Existentialquantor „Es gibt ein $x \in X$, so daß gilt: p(x)" entsteht wiederum eine Aussage, die im allgemeinen aber einen anderen Wahrheitswert hat als die Aussage, die durch Quantifizierung mit dem Allquantor entstanden ist.

Beispiel:

1. Die Aussageform p(x): „$2 + x < 4$" mit $x \in T$ und $T = \{1, 2, 3\}$ wird durch die Quantifizierung „Für alle $x \in T$ gilt: $2 + x < 4$" in eine falsche Aussage überführt. Begründung: Es gibt im Grundbereich von x ein Element, zum Beispiel $x = 2$, so daß bei Bindung der freien Variablen mit $x = 2$ die falsche Aussage „$2 + 2 < 4$" entsteht.

   Durch die Quantifizierung mit dem Existentialquantor „Es gibt ein $x \in T$, so daß gilt: $2 + 2x < 4$" wird die Aussageform p(x) in eine wahre Aussage überführt. Es gibt nämlich im Grundbereich T das Element $x = 1$, das die Aussageform p(x) in die wahre Aussage p(1): „$2 + 1 < 4$" überführt.

2. Die Aussageform q(u, v): „$u + v = v + u$" mit $u \in IR$ und $v \in IR$ (IR: Zahlenbereich der reellen Zahlen) wird durch die Quantifizierung „Für alle $u \in IR$ und für alle $v \in IR$ gilt: q (u, v)" und durch die Quantifizierung „Es gibt ein $u \in IR$ und es gibt ein $v \in IR$, so daß $u + v = v + u$" in verschiedene wahre Aussagen überführt.

Aufgaben zur Selbstüberprüfung:

4. Überführen Sie die gegebenen Aussageformen p(x) in Aussagen, indem Sie die Variable x durch die Elemente der jeweiligen Grundbereiche X binden. Geben Sie jeweils den Wahrheitswert der entstandenen Aussage an.
   a) p(x): „$x + 5 = 7$“, $x \in X$ mit $X = \{0, 1, 2\}$
   b) p(x): „Das Fünffache der Zahl x ist 10“, $x \in X$ mit $X = \{0, 1, 2\}$
   c) p(x): „Das Dreifache der Zahl x vermindert um den dritten Teil der Zahl x ergibt die Zahl 8“ mit $x \in X$ und $X = \{0, 3, 8\}$

5. Die folgenden Aussagen sollen durch eine Quantifizierung der freien Variablen in wahre Aussagen überführt werden.
   a) Das Quadrat einer reellen Zahl x ist nicht negativ.
   b) Die natürliche Zahl x ist eine Lösung der Gleichung $x^2 - x = 0$.

6. Wir betrachten das Würfeln mit zwei Würfeln, wobei ein Würfel rot und ein Würfel schwarz sei. Mit x bezeichnen wir die erzielte Augenzahl auf dem roten Würfel und mit y die gewürfelte Augenzahl auf dem schwarzen Würfel. Den Grundbereich von x bezeichnen wir mit X und den Grundbereich von y mit Y. Überprüfen Sie die Wahrheitswerte der folgenden Aussagen:
   a) „Für alle $x \in X$ und für alle $y \in Y$ gilt: $x + y = 6$“
   b) „Es gibt ein $x \in X$ und es gibt ein $y \in Y$, so daß gilt: $x + y = 6$“

1.3 Aussagenoperationen

Bindewörter

Durch die Verbindung unterschiedlicher sprachlicher Gebilde mit Bindewörtern kann man neue sprachliche Gebilde schaffen. In der Aussagenlogik benutzt man neben anderen die Bindewörter „und“, „oder“, „wenn ..., dann ...“ bzw. „... genau dann, wenn ...“, um aus gegebenen Aussagen neue Aussagen zu entwickeln. Eine neue Aussage entsteht auch dann, wenn man eine gegebene Aussage verneint.

Beispiel:

Gegeben seien die wahre Aussage p und die falsche Aussage q.

p: „Ein Skatspiel enthält 32 Karten.“
q: „Die natürliche Zahl 3 ist ein Teiler der natürlichen Zahl 4.“

Die Verbindung der Aussagen p und q mit verschiedenen Bindewörtern ergibt Aussagen mit unterschiedlichen Wahrheitswerten. Durch die Benutzung des Bindewortes „und“ entsteht eine falsche Aussage. Wird das Bindewort „oder“ benutzt, so ist die entstandene Aussage wahr. Sowohl bei der Verbindung der Aussagen mit dem Bindewort „wenn ..., dann ...“ als auch mit dem Bindewort „... genau dann, wenn ...“ entstehen falsche Aussagen. Wird die falsche Aussage q verneint, so entsteht die wahre Aussage „Es ist nicht wahr, daß die natürliche Zahl 3 ein Teiler der natürlichen Zahl 4 ist“.

Aussagen-operation

Ordnet man jeder beliebigen Aussage p der Menge aller Aussagen eine neue Aussage x zu, so spricht man von einer einstelligen Aussagenoperation auf der Menge aller Aussagen.

Eine zweistellige Aussagenoperation auf der Menge aller Aussagen liegt dann vor, wenn man jedem geordneten Paar von Aussagen p und q eine neue Aussage x zuordnet. Die Aussage x bezeichnet man auch als Verknüpfung oder Verbindung von p und q. In der nachfolgenden Übersicht sind diejenigen Aussagenverknüpfungen aufgeführt, die Sie am Ende des ersten Kapitels beherrschen sollen.

Aussage	Schreibweise	Bezeichnung
„nicht p"	$\neg p$	Negation von p
„p und q"	$p \wedge q$	Konjunktion von p und q
„p oder q"	$p \vee q$	Alternative von p und q
„wenn p, dann q"	$p \rightarrow q$	Implikation von p und q
„p genau dann, wenn q"	$p \leftrightarrow q$	Äquivalenz von p und q

1.3.1 Negation

Definition

Eine einstellige Aussagenoperation auf der Menge aller Aussagen heißt Negation genau dann, wenn jeder beliebigen Aussage p die Aussage $\neg p$ zugeordnet wird. Der Wahrheitswert der negierten Aussage $\neg p$ ist in Abhängigkeit vom Wahrheitswert der gegebenen Aussage p wie folgt festgesetzt:

p	$\neg p$
w	f
f	w

Negation der Aussage

Die Aussage $\neg p$ bezeichnet man auch als „Negation der Aussage p".

Beispiel:

1. Gegeben sei die Aussage p: „Die natürliche Zahl 8 ist eine gerade Zahl". Verneint man die Aussage p, so entsteht die Aussage „nicht p", die den folgenden Wortlaut hat: „Es ist nicht wahr, daß die natürliche Zahl 8 eine gerade Zahl ist". Da die Aussage p wahr ist, ist die negierte Aussage „nicht p" falsch.
2. Bei der Verneinung der falschen Aussage p: „$10 + 0 < 10$" entsteht die wahre Aussage „es ist nicht wahr, daß $10 + 0 < 10$".

Anwendung

Ein Computer ist ein elektrisches Gerät, das nur zwischen „Strom ein" und „Strom aus" unterscheiden kann. Jede Information wird aus Codierungen von „ein" und „aus" erstellt. Die kleinste Informationseinheit, das sogenannte Bit, kann genau diese Information („Strom ein" oder „Strom aus") speichern. Mit einem Bit können demzufolge zwei verschiedene Zustände eingestellt werden. Die Realisierung der Negation in elektrischen Geräten erfolgt über Schalter.

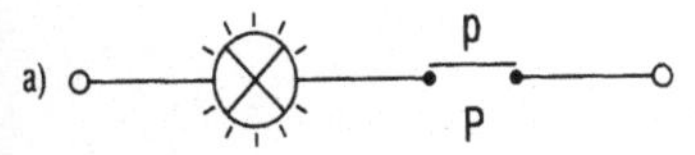

b) ¬p P

Abbildung 1: Die Negation in elektrischen Geräten

Stromkreis

Die Glühlampe a) im Stromkreis in Abbildung 1 leuchtet, weil ein Stromfluß gewährleistet ist, das heißt, die Aussage p „Der Schalter P ist geschlossen" ist wahr. Ist der Schalter P geöffnet wie in b), so ist die Aussage $\neg p$ „Es ist nicht wahr, daß der Schalter P geschlossen ist" wahr, das heißt im Stromkreis fließt kein Strom, so daß die Glühlampe nicht leuchtet. Die Aussage „Der Schalter ist geschlossen" ist gleichbedeutend der Aussage „Strom ein".

Beispiel:

1. Negieren Sie die falsche Aussage „Für alle Zahlen x gilt: $x < 5$".
2. Negieren Sie die falsche Aussage „Es gibt eine natürliche Zahl x, so daß gilt: $x^2 = -1$".

Lösung:

zu 1: „Es ist nicht wahr, daß für alle Zahlen x gilt: $x < 5$" oder „Es gibt eine Zahl x, so daß nicht gilt: $x < 5$" oder „Es gibt eine Zahl x, so daß gilt: $x \geq 5$".

zu 2: „Es ist nicht wahr, daß es eine natürliche Zahl x gibt, so daß gilt: $x^2 = -1$" oder „Für alle natürlichen Zahlen x gilt: es ist nicht wahr, daß $x^2 = -1$".

Zuordnung

In den folgenden Abschnitten werden zweistellige Aussagenoperationen auf der Menge aller Aussagen eingeführt, das heißt, jedem geordneten Paar von Aussagen wird genau eine Aussage zugeordnet. Gegeben sind also zwei beliebige Aussagen, wobei jede den Wahrheitswert wahr oder falsch annehmen kann. Wollen Sie in einem elektrischen Gerät eine Information aus zwei Bit erstellen, so sind vier verschiedene Zustände möglich.

Bit 1	Bit 2	
Strom ein	Strom ein	Zustand 1
Strom ein	Strom aus	Zustand 2
Strom aus	Strom ein	Zustand 3
Strom aus	Strom aus	Zustand 4

1.3.2 Aussagenoperation Konjunktion

Definition

Eine zweistellige Aussagenoperation auf der Menge aller Aussagen heißt Konjunktion genau dann, wenn jedem geordneten Paar von Aussagen p und q genau die Aussage $p \wedge q$ zugeordnet wird. Die Wahrheitswerte der entstandenen Aussage $p \wedge q$ sind in Abhängigkeit von den Wahrheitswerten der gegebenen Aussagen p und q wie folgt festgesetzt:

p	q	$p \wedge q$
w	w	w
w	f	f
f	w	f
f	f	f

Konjunktion Die Aussage $p \wedge q$ bezeichnet man als Konjunktion von p und q.

Merke **Die Konjunktion $p \wedge q$ von zwei Aussagen p und q führt nur dann zu einer wahren Aussage, wenn die beiden vorgegebenen Aussagen p und q wahr sind.**

Schalter Die Realisierung einer Konjunktion in elektrischen Geräten erfolgt durch eine Reihenschaltung von zwei Schaltern P und Q. Es sind vier verschiedene Zustände in einer Reihenschaltung von zwei Schaltern möglich, die in Abbildung 2 dargestellt sind.

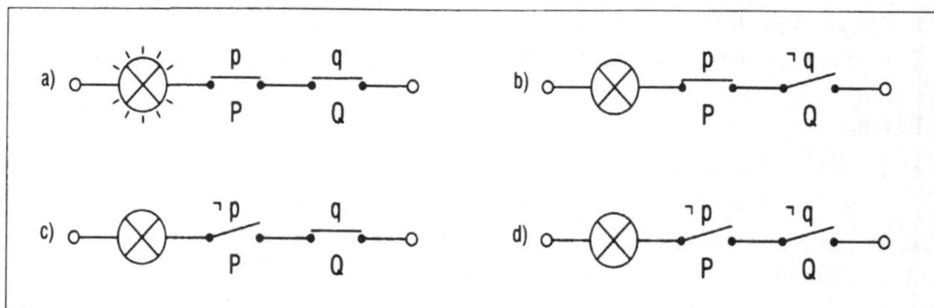

Abbildung 2a) – d): Die Konjunktion in elektrischen Geräten

Die im Stromkreis befindliche Glühlampe kann nur dann leuchten, wenn die Aussage p „Der Schalter P ist geschlossen" und gleichzeitig die Aussage q „Der Schalter Q ist geschlossen" wahr sind.

Beispiel:

1. Die Aussage „25 Prozent von 200 DM sind 50 DM und 50 Prozent von 200 DM sind die Hälfte von 100 DM" ist eine Konjunktion der wahren Aussage „25 Prozent von 200 DM sind 50 DM" und der falschen Aussage „50 Prozent von 200 DM sind die Hälfte von 100 DM". Somit ist die obige Aussage falsch.
2. Die Aussage „2 ist ein Teiler von 10 und 19 ist eine Primzahl" ist als Konjunktion von zwei wahren Aussagen wiederum eine wahre Aussage.

Eigenschaften **Eigenschaften der Aussagenoperation Konjunktion:**

1. Kommutativgesetz
   Für alle Aussagen p und q gilt: $p \wedge q = q \wedge p$.

2. Assoziativgesetz
   Für alle Aussagen p, q, r gilt: $(p \wedge q) \wedge r = p \wedge (q \wedge r)$.

Beweis des Assoziativgesetzes

Um das Assoziativgesetz zu beweisen, muß man eine Wahrheitswertetabelle für drei beliebige Aussagen p, q und r anfertigen. Da jede Aussage entweder wahr oder falsch ist, gibt es acht verschiedene Zustände. Mit drei Bits kann man demzufolge acht verschiedene Informationen übertragen.

p	q	r	$(p \wedge q)$	$(p \wedge q) \wedge r$	$p \wedge (q \wedge r)$
w	w	w	w	w	w
w	w	f	w	f	f
w	f	w	f	f	f
w	f	f	f	f	f
f	w	w	f	f	f
f	w	f	f	f	f
f	f	w	f	f	f
f	f	f	f	f	f

1.3.3 Aussagenoperation Disjunktion

Definition

Eine zweistellige Aussagenoperation auf der Menge aller Aussagen heißt Disjunktion genau dann, wenn jedem geordneten Paar von Aussagen p und q genau die Aussage $p \vee q$ zugeordnet wird. Die Wahrheitswerte der entstandenen Aussage $p \vee q$ sind in Abhängigkeit von den Wahrheitswerten der gegebenen Aussagen p und q wie folgt festgesetzt:

p	q	$p \vee q$
w	w	w
w	f	w
f	w	w
f	f	f

Disjunktion

Die Aussage $p \vee q$ bezeichnet man auch als Disjunktion oder Alternative von p und q.

Beispiel:

Die Verbindung der wahren Aussage p „Jedes Quadrat ist ein Rechteck" und der falschen Aussage q „Am 12. Dezember eines jeden Jahres ist Sommeranfang" durch das Bindewort „oder" führt zu einer wahren Aussage.

Beispiel:

Wir gehen davon aus, daß beim Werfen einer Münze diese niemals auf dem Rand stehenbleibt. Die Aussage „Beim einmaligen Werfen einer Fünf-DM-Münze liegt die Zahl oben oder der Adler liegt oben" setzt sich disjunktiv aus zwei Aussagen p und q zusammen. Sie ist stets wahr, da entweder p wahr ist oder q wahr ist. Es ist in diesem Beispiel nicht möglich, daß p und q gleichzeitig wahr oder gleichzeitig falsch sind.

Wahrheitswert

Negiert man die Aussage (p ∨ q), so entsteht die Aussage ¬ (p ∨ q), die den gleichen Wahrheitswerteverlauf besitzt wie die Aussage ¬p ∧ ¬q. Den Beweis für diese Behauptung liefert die folgende Wahrheitswertetabelle:

p	q	p ∨ q	¬(p ∨ q)	¬p	¬q	¬p ∧ ¬q
w	w	w	f	f	f	f
w	f	w	f	f	w	f
f	w	w	f	w	f	f
f	f	f	w	w	w	w

Beispiel:

1. Negieren Sie die falsche Aussage „Für alle natürlichen Zahlen x gilt: 2 ist ein Teiler von x oder 3 ist ein Teiler von x".
2. Negieren Sie die falsche Aussage „Es gibt eine natürliche Zahl x, so daß gilt: x + 3 = 2 oder x * 3 = 2".

Lösung:

zu 1: „Es gibt eine natürliche Zahl x, so daß gilt: 2 ist kein Teiler von x und 3 ist kein Teiler von x."

zu 2: „Für alle natürlichen Zahlen x gilt: x + 3 ≠ 2 und x * 3 ≠ 2."

1.3.4 Aussagenoperation Implikation

Definition

Eine zweistellige Aussagenoperation auf der Menge aller Aussagen nennt man Implikation genau dann, wenn jedem geordneten Paar von Aussagen p und q genau eine Aussage p → q zugeordnet wird. Die Wahrheitswerte der entstandenen Aussage p → q sind in Abhängigkeit von den Wahrheitswerten der gegebenen Aussagen p und q wie folgt festgesetzt:

p	q	p → q
w	w	w
w	f	f
f	w	w
f	f	w

Implikation

Die Aussage p → q bezeichnet man auch als Implikation von p und q.

Beispiel:

Ein Student sagt: „Wenn dieser Computer weniger als 4 000 DM kostet, dann kaufe ich ihn".

Dieses sprachliche Gebilde kann als eine Verbindung der Aussagen p „Dieser Computer kostet weniger als 4 000 DM" und der Aussage q „Ich kaufe den Computer" aufgefaßt werden. Den Aussagen p und q wird die Aussage „Wenn p, dann q zugeordnet".

Nachdem der Student den tatsächlichen Preis für den Computer erfahren hat, sind vier verschiedene Fälle möglich.

a) Die Aussage p ist wahr und die Aussage q ist wahr,
b) Die Aussage p ist wahr und die Aussage q ist falsch,
c) Die Aussage p ist falsch und die Aussage q ist wahr,
d) Die Aussage p ist falsch und die Aussage q ist falsch.

Im ersten Fall bestätigt der Student durch den Kauf des Computers die Wahrheit der Aussage „Wenn p, dann q". Da der Student im zweiten Fall den Computer nicht kauft, obwohl er weniger als 4 000 DM kostet, ist die Aussage „Wenn p, dann q" des Studenten falsch. In der dritten Situation, der Preis des Computers liegt nicht unter 4 000 DM und der Computer wird gekauft, wird die Wahrheit der Aussage „Wenn p, dann q" bestätigt. Bei einem niedrigeren Preis wäre der Computer sicherlich noch lieber gekauft worden. Die unerwünschte Preishöhe ist im 4. Fall als Ursache für den unterlassenen Computerkauf anzusehen. Die Aussage „Wenn p, dann q" ist demzufolge wahr.

Hinweise:

In der Implikation $p \rightarrow q$ nennt man
die Aussage p das Vorderglied oder die Prämisse und
die Aussage q das Hinterglied oder die Konklusio.

Merke

Die Implikation von zwei Aussagen p und q führt nur dann zu einer falschen Aussage, wenn das Vorderglied eine wahre Aussage ist und das Hinterglied eine falsche Aussage ist.

Beispiel:

Ermitteln Sie von den angegebenen Aussagen $p \rightarrow q$ die Wahrheitswerte:

1. „Wenn 2 ein Teiler von 10 ist, dann ist 3 ein Teiler von 10."
2. „Wenn $3 + 5 = 8$, dann $3 < 8$."
3. „Wenn heute der 1. März ist, dann ist jedes Quadrat ein Rechteck."
4. „Wenn die Zahl 193 ein Vielfaches der Zahl 4 ist, dann ist die Zahl 193 ein Vielfaches der Zahl 2."

Lösung:

zu 1: Die Aussage ist falsch, da das Vorderglied eine wahre Aussage und das Hinterglied eine falsche Aussage ist.

zu 2: Die Aussage ist wahr, da das Hinterglied wahr ist.

zu 3: Die Aussage ist wahr, da das Hinterglied wahr ist.

zu 4: Die Aussage ist wahr, da Vorder- und Hinterglied gleichzeitig falsch sind.

Formulierungen

Man kann für $p \rightarrow q$ die folgenden Formulierungen benutzen:

- „p ist eine hinreichende Bedingung für q",
- „p ist eine hinreichende, aber nicht notwendige Bedingung für q",

- „q ist eine notwendige Bedingung für p",
- „q ist eine notwendige, aber nicht hinreichende Bedingung für p".

Beispiel:

In der Aussage „Wenn der Computer weniger als 4 000 DM kostet, dann kaufe ich den Computer" ist ein Computerpreis unter 4 000 DM ein hinreichender Grund für den Erwerb des Computers. Ein Preis unter 4 000 DM ist aber nicht unbedingt notwendig für den Computerkauf.

Wir gehen davon aus, daß die betrachtete Straße nicht durch eine wasserundurchlässige Plane abgedeckt wird. In der Aussage „Wenn es regnet, dann ist die Straße naß" ist das Hinterglied „Die Straße ist naß" eine notwendige Bedingung dafür, daß es regnet. Ist die Straße nämlich nicht naß, regnet es garantiert nicht. Die Tatsache, die Straße ist naß, ist dagegen keine hinreichende Bedingung dafür, daß es regnet. Die Nässe der Straße kann auch durch ein Straßenreinigungsfahrzeug verursacht worden sein.

Kontraposition

Die Kontraposition einer Aussage $p \to q$:

Die Aussage „Wenn die Straße nicht naß ist, dann regnet es nicht" hat den gleichen Wahrheitswerteverlauf wie die Aussage „Wenn es regnet, dann ist die Straße naß". Das kann man an einer Wahrheitswertetabelle zeigen. Dazu führen wir die folgenden Bezeichnungen ein: p: Es regnet, q: Die Straße ist naß.

p	q	$p \to q$	$\neg q$	$\neg p$	$\neg q \to \neg p$
w	w	w	f	f	w
w	f	f	w	f	f
f	w	w	f	w	w
f	f	w	w	w	w

Die Aussage $\neg q \to \neg p$ bezeichnet man als Kontraposition zu der Aussage $p \to q$.

Negation

Die Negation einer Aussage $p \to q$:

Die Aussage $\neg(p \to q)$ ist wahrheitswerteverlaufsgleich zu der Aussage $p \wedge \neg q$, das heißt zu jeder Konjunktion aus dem Vorderglied und dem negierten Hinterglied.

Beispiel:

Bilden Sie die Kontraposition und die Negation der Aussage „Wenn der Computer weniger als 4 000 DM kostet, dann kaufe ich den Computer".

Lösung:

Die Kontraposition der Aussage hat den Wortlaut „Wenn ich den Computer nicht kaufe, dann kostet der Computer nicht weniger als 4 000 DM".

Die Negation der Aussage lautet „Der Computer kostet weniger als 4 000 DM und ich kaufe den Computer nicht".

1.3.5 Aussagenoperation Äquivalenz

Definition

Eine zweistellige Aussagenoperation auf der Menge aller Aussagen heißt Äquivalenz genau dann, wenn jedem geordneten Paar von Aussagen p und q genau eine Aussage $p \leftrightarrow q$ zugeordnet wird. Die Wahrheitswerte der entstandenen Aussage $p \leftrightarrow q$ sind in Abhängigkeit von den Wahrheitswerten der gegebenen Aussagen p und q wie folgt festgesetzt:

p	q	$p \leftrightarrow q$
w	w	w
w	f	f
f	w	f
f	f	w

Äquivalenz

Eine Aussage $p \leftrightarrow q$ bezeichnet man auch als Äquivalenz von p und q.

Merke

Die Äquivalenz zweier Aussagen p und q ist nur dann wahr, wenn beide Aussagen den gleichen Wahrheitswert haben.

Beispiel:

Ein Dozent sagt: „Der Student besteht die Prüfung genau dann, wenn er sich gewissenhaft vorbereitet hat". Die Äquivalenz der Aussage p: „Der Student besteht die Prüfung" und der Aussage q: „Der Student hat sich gewissenhaft vorbereitet" ist nur dann wahr, wenn die Aussagen p und q entweder gleichzeitig wahr oder gleichzeitig falsch sind. Besteht der Student die Prüfung, ohne daß er sich gewissenhaft vorbereitet hat, dann ist die Aussage des Dozenten falsch. Die Aussage des Dozenten ist auch dann falsch, wenn der Student die Prüfung nicht besteht, obwohl er sich gewissenhaft vorbereitet hat.

Die Äquivalenz $p \leftrightarrow q$ der Aussagen p und q ist wahrheitswerteverlaufsgleich mit der Konjunktion $(p \rightarrow q) \wedge (q \rightarrow p)$, was man mit Hilfe der folgenden Wahrheitswertetabelle beweisen kann:

p	q	$p \leftrightarrow q$	$p \rightarrow q$	$p \rightarrow q$	$(p \rightarrow q) \wedge (q \rightarrow p)$
w	w	w	w	w	w
w	f	f	f	w	f
f	w	f	w	f	f
f	f	w	w	w	w

Beispiel:

Die Aussage des Dozenten im obigen Beispiel kann man demzufolge auch folgendermaßen formulieren: „Wenn der Student die Prüfung besteht, dann hat er sich gewissenhaft vorbereitet und wenn der Student sich gewissenhaft vorbereitet hat, dann besteht er die Prüfung".

Negation der Äquivalenz

Die Negation der Äquivalenz $p \leftrightarrow q$ ist wahrheitswerteverlaufsgleich der Disjunktion $\neg(p \rightarrow q) \vee \neg(q \rightarrow p)$ bzw. der Disjunktion $(p \wedge \neg q) \vee (q \wedge \neg p)$, was man wiederum mit einer Wahrheitswertetabelle nachweisen kann.

Aufgaben zur Selbstüberprüfung:

7. Zeigen Sie mit Hilfe von Wahrheitswertetabellen die Wahrheitswerteverlaufsgleichheit der folgenden Aussagen:

   a) $\neg(p \wedge q)$ und $\neg p \vee \neg q$
   b) $\neg(p \rightarrow q)$ und $p \wedge \neg q$

8. Gegeben seien die Aussagen p: „Der Student besteht die Prüfung" und q: „Der Student hat sich gewissenhaft vorbereitet". Formulieren Sie die Aussage $p \leftrightarrow q$ und die wahrheitswerteverlaufsgleiche Aussage $(p \wedge q) \vee (\neg p \wedge \neg q)$.

9. Formulieren Sie die folgenden Aussagen derart um, daß der Ausdruck „Es ist nicht wahr, daß ..." nicht enthalten ist. Geben Sie außerdem die Wahrheitswerte der Aussagen an.

   a) Es ist nicht wahr, daß 7 ein Teiler von 154 ist.
   b) Es ist nicht wahr, daß $(-4)^2 = -16$ und $4^2 = 16$.
   c) Es ist nicht wahr, daß gilt: wenn die Straße naß ist, dann regnet es.
   d) Es ist nicht wahr, daß gilt: ein ebenes Viereck ist ein Quadrat genau dann, wenn alle vier Seiten des Vierecks gleich lang sind.

10. Bei der Darstellung der natürlichen Zahlen auf dem Zahlenstrahl gibt es natürliche Zahlen x und y, so daß die folgenden Aussagen wahr sind:

    a) $x < y$
    b) x ist nicht kleiner als y
    c) x ist größer oder gleich y
    d) x ist gleich y

    Bilden Sie durch Negation der gegebenen Aussagen neue Aussagen und formulieren Sie diese derart, daß das Wort „nicht" niemals enthalten ist.

11. Gegeben seien die folgenden Aussagen p, q und r:
    p: Jedes Quadrat ist ein Rechteck
    q: Jedes Rechteck ist ein Quadrat
    r: Jedes Rechteck ist ein Parallelogramm
    Ermitteln Sie die Wahrheitswerte der folgenden Aussagen:

    a) $p \wedge q$ b) $p \wedge r$ c) $q \wedge r$
    d) $p \vee q$ e) $p \vee r$ f) $q \vee r$
    g) $p \rightarrow q$ h) $p \rightarrow r$ i) $q \rightarrow r$

2. Grundbegriffe der Mengenlehre

Lernziele:

Sie kennen den Begriff der Menge im mathematischen Sinne.

Sie können mit Hilfe von Aussageformen Mengen bilden.

Sie können von gegebenen Mengen Teilmengen bilden und entscheiden, ob eine gegebene Menge eine Teilmenge einer anderen Menge ist oder nicht.

Sie beherrschen die Begriffe „Durchschnitt", „Vereinigung" und „Kreuzprodukt" von Mengen und können diese zur Mengenbildung anwenden.

Sie haben einen Überblick über die Zahlenmengen und können den Begriff der natürlichen Zahl erklären.

2.1 Begriff der Menge

Gesamtheit

Im täglichen Leben, in der Wirtschaft, in der Technik und in der Wissenschaft ist es häufig nötig, gewisse Objekte zu einer Gesamtheit zusammenzufassen. Dabei läßt man sich von gemeinsamen Eigenschaften leiten und vernachlässigt Merkmale, durch die sich die Objekte unterscheiden. Zum Beispiel haben alle Menschen, die am 1. 5. 1992 in Hamburg geboren wurden, eine gemeinsame Eigenschaft, die es gestattet, diese Menschen als eine Gesamtheit aufzufassen. Es gibt aber viele Eigenschaften, wie zum Beispiel das Geschlecht und die Hautfarbe der am 1. 5. 1992 in Hamburg geborenen Menschen, durch die sich die Objekte der Gesamtheit unterscheiden.

Das Wort Menge hat in der Umgangssprache verschiedene Bedeutungen. Meistens wird es im Sinne von „viel" oder von „eine unbestimmte, eine große Anzahl von Objekten" gebraucht. In der Mengenlehre benutzt man das Wort „Menge" in einem ganz bestimmten einheitlichen Sinne, nämlich im Sinne von Gesamtheit.

Merke

Eine Menge ist eine Gesamtheit von bestimmten, wohlunterschiedenen Objekten unserer Anschauung oder unseres Denkens. Dabei muß von jedem dieser Objekte eindeutig feststehen, ob es zu dieser Menge gehört oder nicht.

Beispiel:

1. Gesamtheit der Streichhölzer in einer Streichholzschachtel.
2. Gesamtheit der Streichholzschachteln in einem Paket mit 10 Schachteln.
3. Gesamtheit der Pakete mit 10 Schachteln in einem Karton mit 100 Paketen.
4. Gesamtheit aller Buchstaben des Alphabets.

Hinweise:

Mengen werden mit großen lateinischen Buchstaben bezeichnet, zum Beispiel X, Y, Z, A, B, ...

$b \in B$ bedeutet „b ist Element der Menge B".

Die Schreibweise $X = \{1, 2, 3\}$ bedeutet: Die Menge X enthält die Elemente 1, 2 und 3. Man schreibt $1 \in X$, $2 \in X$, $3 \in X$.

Gehört ein bestimmtes Element x nicht zu einer Menge X, so schreibt man „$\neg(x \in X)$" oder „$x \notin X$".

ϕ: leere Menge. Die leere Menge ist die Menge, die kein Element enthält.

Mengen werden häufig in sogenannten Venndiagrammen dargestellt.

Abbildung 3: Mengen in Venndiagrammen

Beispiel:

Gegeben sei die Menge $M = \{3, 6, 1, 8\}$. Ermitteln Sie, ob die folgenden Aussagen wahr sind. a) $3 \in M$, b) $1 \in M$, c) $\neg(6 \in M)$, d) $\neg(4 \in M)$, e) $7 \in M$.

Lösung:

a) wahre Aussage, b) wahre Aussage, c) falsche Aussage, d) wahre Aussage, e) falsche Aussage.

Zahlenbereiche

Im Kapitel „Einführung in die Grundlagen der Aussagenlogik" wurde häufig der Begriff „Zahlenbereich" benutzt, ohne daß er erklärt wurde. An dieser Stelle werden zunächst die verschiedenen Zahlenmengen als Gesamtheiten von bestimmten, wohlunterschiedenen Zahlen eingeführt. Dabei werden die gleichen Zahlenbereiche angewandt. Den Unterschied zwischen den Begriffen „Zahlenmenge" und „Zahlenbereich" lernen Sie im Kapitel 3 kennen.

Bezeichnungen für die Zahlenmengen:

IN: Menge der natürlichen Zahlen, $IN = \{1, 2, 3, 4, 5, 6 \ldots\}$
IN_0: Menge der nichtnegativen ganzen Zahlen,
$IN_0 = \{0, 1, 2, 3, 4, 5, 6 \ldots\}$
IG: Menge der ganzen Zahlen, $-7 \in IG$, $0 \in IG$, $8 \in IG$
IQ^*_0: Menge der gebrochenen Zahlen, $0 \in IQ^*_0$, $0{,}5 \in IQ^*_0$, $3/4 \in IQ^*_0$
IQ: Menge der rationalen Zahlen, $-5/2 \in IQ$, $-0{,}5 \in IQ$, $0 \in IQ$, $0{,}5 \in IQ$
IR: Menge der reellen Zahlen, $-\pi \in IR$, $-\sqrt{2} \in IR$, $-1/2 \in IR$, $0 \in IR$, $3 \in IR$

In diesem Abschnitt wird nur eine kurze Einführung der Menge der natürlichen Zahlen erfolgen. Die Notwendigkeit der Erweiterung der Menge der natürlichen Zahlen zu anderen Zahlenmengen wird in Kapitel 3 begründet.

Die Menge der natürlichen Zahlen

Mengentheoretische Erklärung

Viele Menschen haben sich in der Vergangenheit Gedanken darüber gemacht, welches der Ursprung der natürlichen Zahlen ist, und es existieren sehr unterschiedliche Auffassungen. In diesem Studientext werden wir nicht von der Vorstellung ausgehen, daß uns die natürlichen Zahlen als etwas Fertiges vorgegeben sind, sondern wir benutzen die mengentheoretische Erklärung.

Anzahl der Elemente

Ausgangspunkt sind endliche Mengen. Für die weiteren Untersuchungen ist es uninteressant, welche Qualität die Elemente der Mengen besitzen, das heißt, ob die Elemente Äpfel, Hasen, Tannenbäume oder Dreiecke sind. Durch Abzählen der in einer endlichen Menge enthaltenen Elemente erhält man die Anzahl der Elemente. Jede endliche Menge besitzt die Eigenschaft, eine bestimmte Anzahl von Elementen zu enthalten. Diese Eigenschaft kann genutzt werden, um neue Mengen zu bilden. In einer ersten Menge werden alle diejenigen Mengen zusammengefaßt, die die Eigenschaft haben, genau ein Element zu besitzen (vergleiche Abbildung 4). In einer zweiten Menge werden alle Mengen mit der Eigenschaft, genau zwei Elemente zu besitzen, zusammengefaßt (vergleiche Abbildung 5). Diese Mengenbildung wird systematisch fortgesetzt. Alle Mengen, die zu einer neuen Menge zusammengefaßt werden, haben die gleiche Anzahl von Elementen.

Natürliche Zahlen

Die Mengen, die als Elemente alle endlichen Mengen mit der gleichen Anzahl von Elementen enthalten, werden natürliche Zahlen genannt. Als „natürliche Zahl 1" bezeichnet man die Menge, die als Elemente alle einelementigen Mengen enthält. Die Menge, die als Elemente alle Mengen mit zwei Elementen enthält, bezeichnet man als „natürliche Zahl 2". Die Bezeichnung „natürliche Zahl n" erhält die Menge, die alle n-elementigen Mengen als Elemente enthält.

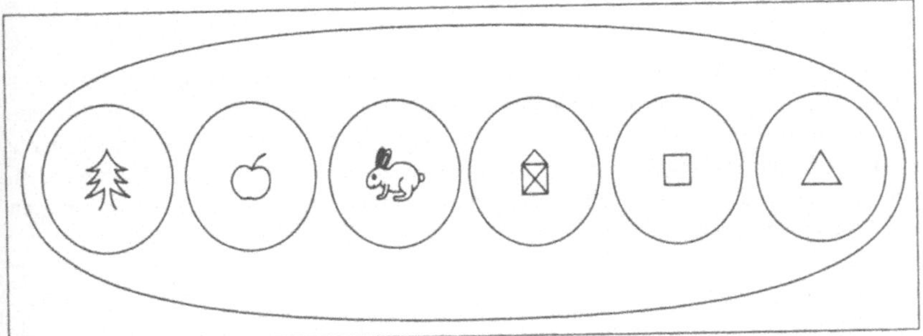

Abbildung 4: Menge, die nur einelementige Mengen als Elemente enthält

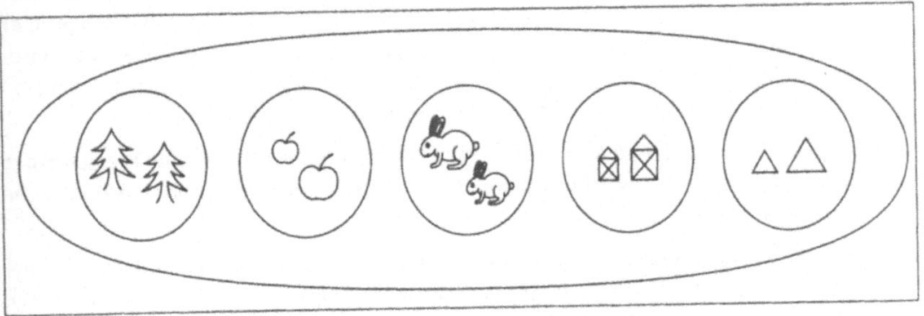

Abbildung 5: Menge, deren Elemente Mengen sind, die genau zwei Elemente enthalten

Beispiel:

Entscheiden Sie, ob die folgenden Aussagen wahr sind.
a) $50 \in \mathbb{N}$, b) $0 \in \mathbb{N}$, c) Die Anzahl der Elemente in der Menge $X = \{a, b, c\}$ ist 3, d) Die Mengen $K = \{u, v, w\}$, $L = \{x, y, z\}$ und $M = \{3, 6, 9\}$ haben die gleiche Anzahl von Elementen, e) Die Menge $\{0\}$ ist die leere Menge.

Lösung:

a) wahre Aussage, b) falsche Aussage, c) und d) wahre Aussagen, e) falsche Aussage, $\{0\}$ ist nicht die leere Menge, da die Menge die Null als Element enthält.

Eigenschaften

Eigenschaften der Menge der natürlichen Zahlen:

1. Es gibt eine erste natürliche Zahl. Die erste natürliche Zahl bezeichnet man mit 1. Es ist die Menge zweiter Stufe, die alle einelementigen Mengen enthält.
2. Zu jeder natürlichen Zahl n gibt es einen Nachfolger.
3. Da es eine erste natürliche Zahl gibt und zu jeder natürlichen Zahl n ein Nachfolger existiert, ist die Menge der natürlichen Zahlen eine unendliche Menge.

Um eine Gesamtheit von bestimmten wohlunterschiedenen Objekten bilden zu können, muß man die Eigenschaften formulieren, die diese Objekte besitzen sollen. Dazu benutzt man zweckmäßigerweise Aussageformen.

2.2 Mengenbildung mit Aussageformen

Definieren von Mengen

In Kapitel 1 haben Sie eine Aussageform als ein sprachliches Gebilde kennengelernt, das mindestens eine freie Variable aus einem vorgegebenen Grundbereich enthält. Sie wissen, daß eine Aussageform zu einer Aussage wird, wenn die freien Variablen durch Elemente des Grundbereiches belegt werden. An einigen Beispielen soll jetzt demonstriert werden, wie man durch die Vorgabe von Aussageformen unter Einbeziehung eines bestimmten Grundbereiches für die freien Variablen Mengen definieren kann.

Beispiel:

1. Gegeben sei die Aussageform p(x): „Die Zahl x ist durch 3 teilbar". Als Grundbereich X von x seien alle natürlichen Zahlen von 1 bis 8 vorgesehen, das heißt $X = \{1, 2, 3, 4, 5, 6, 7, 8\}$. Die neu zu definierende Menge M sei die Menge aller derjenigen $x \in X$, für die die Aussageform p(x) in eine wahre Aussage überführt wird. Man schreibt $M = \{x \in X: p(x)\}$. Somit wurde durch die gegebene Aussageform p(x) und durch den Grundbereich von x die Menge $M = \{3, 6\}$ definiert.
2. Gegeben sei die Menge $M = \{x \in \mathbb{N}: p(x)\}$, wobei p(x): $x + 3 < 8\}$. Die Elemente der Menge $M = \{1, 2, 3, 4\}$ sind Elemente des Grundbereiches von x und überführen die Aussageform p(x) in eine wahre Aussage.
3. Es sei die Aussageform p(x): $x^2 < 0$ gegeben. Der Grundbereich von x sei die Menge aller natürlichen Zahlen $\mathbb{N}$. Für die zu definierende Menge M gilt: $M = \{x \in \mathbb{N}: p(x)\}$. Die Menge M ist identisch mit der leeren Menge $M = \phi$, da es keine natürliche Zahl gibt, deren Quadrat negativ ist.
4. Gegeben sei die Menge $M = \{x \in \mathbb{N}: (x + 3)^2 = x^2 + 6x + 9\}$. Die Menge M ist identisch mit der Menge der natürlichen Zahlen, da die Aussageform p(x) bei jeder beliebigen

Belegung der freien Variablen x mit den Elementen des Grundbereiches in eine wahre Aussage überführt wird. Eine Menge, die mit dem vorgegebenen Grundbereich der Variablen übereinstimmt, nennt man auch Allmenge.

Hinweise:

Gegeben sei die Menge $M = \{x \in X: p(x)\}$.

Die Menge M erhält die folgenden Bezeichnungen:

- leere Menge $M = \phi$ genau dann, wenn die Aussageform p(x) bei jeder beliebigen Belegung der Variablen x mit den Elementen des Grundbereiches X in eine falsche Aussage überführt wird.
- Allmenge genau dann, wenn die Aussageform p(x) bei jeder beliebigen Belegung der Variablen mit den Elementen des Grundbereichs in eine wahre Aussage überführt wird.

Beispiel:

Geben Sie die folgenden Mengen elementeweise an:

a) $A = \{x \in IN : 2 < x < 6\}$, b) $B = \{x \in IN: 2 + x = 7\}$, c) $C = \{x \in IN : 2 + x < 7\}$,
d) $D = \{x \in IN : (x + 2)^2 = x^2 + 4x + 4\}$, e) $E = \{x \in IN: (x - 1)^2 = -1\}$.

Lösung:

a) $A = \{3, 4, 5\}$, b) $B = \{5\}$, c) $C = \{1, 2, 3, 4\}$, d) $D = IN$ (Allmenge), e) $E = \phi$.

Vergleicht man im obigen Beispiel die Mengen $B = \{5\}$ und $A = \{3, 4, 5\}$, so stellt man fest, daß alle Elemente, die in der Menge B enthalten sind, auch in der Menge A enthalten sind. Die sogenannte Teilmengenbeziehung zwischen den Mengen B und A ist Inhalt des folgenden Abschnittes.

2.3 Beziehungen zwischen Mengen

2.3.1 Gleichheit von Mengen

Definition

Zwei Mengen X und Y sind gleich (in Zeichen: X = Y) genau dann, wenn für alle Elemente x gilt:

wenn $x \in X$, dann $x \in Y$ und wenn $x \in Y$, dann $x \in X$.

Beispiel:

Gegeben seien die Mengen $X = \{x \in IN : x + 8 = 11\}$ und $Y = \{x \in IN : 30 - x = 27\}$. Geben Sie die Mengen elementeweise an.

Lösung:

$X = \{3\}$ und $Y = \{3\}$. Es gilt $X = Y$.

Es soll jetzt erarbeitet werden, unter welchen Umständen zwei Mengen X und Y nicht gleich sind, das heißt, wann die Aussage $\neg(X = Y)$ wahr ist.

Wiederholung

Die Negation der Aussage „Für alle $x \in X$ gilt: wenn p(x), dann q(x)" hat den gleichen Wahrheitswert wie die Aussage „Es gibt ein $x \in X$, so daß gilt: p(x) und $\neg$q(x).

Die Negation der Aussage „Für alle $x \in X$ gilt: p(x) genau dann, wenn q(x)" ist identisch mit der Aussage „Es gibt ein $x \in X$, so daß gilt: (p(x) und $\neg$q(x)) oder ($\neg$p(x) und q(x))".

Zwei Mengen sind demzufolge genau dann nicht gleich, wenn es ein Element x gibt, so daß gilt: ($x \in X$ und $\neg(x \in Y)$) oder ($\neg(x \in X)$ und $x \in Y$).

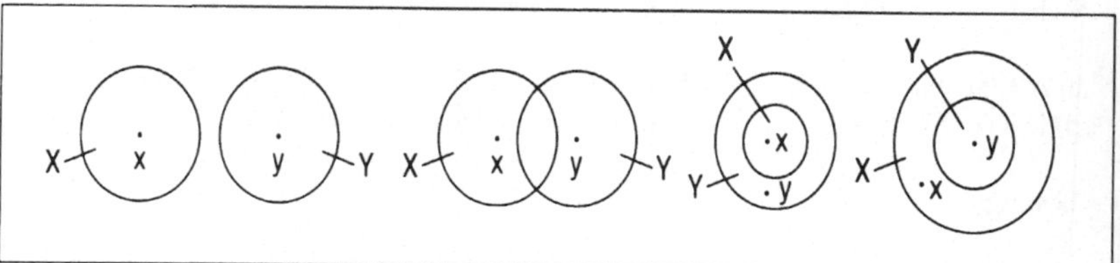

Abbildung 6: Mengen X und Y, die nicht gleich sind

Beispiel:

Gegeben seien die Mengen:

1. $X = \{2, 5, 8, 9, 12, 20\}$ und $Y = \{2, 5, 6, 8, 9, 12, 20\}$
2. $X = \{1, 2, 4, 5, 8, 90\}$ und $Y = \{1, 2, 4, 5, 90\}$
3. $X = \{x \in IN: 2x - 8 = 52\}$ und $Y = \{x \in IN: 90 - x = 60\}$

Entscheiden Sie, ob gilt $X = Y$ oder $\neg(X = Y)$. Begründen Sie Ihre Entscheidung.

Lösung:

zu 1: Es gilt $\neg(X = Y)$. Begründung: Es gibt das Element 6, so daß $\neg(6 \in X)$ und $6 \in Y$.
zu 2: Es gilt $\neg(X = Y)$. Begründung: Es gibt das Element 8, für das gilt: $8 \in X$ und $\neg(8 \in Y)$.
zu 3: $X = Y$, denn $X = \{30\}$ und $Y = \{30\}$.

2.3.2 Teilmengenbeziehung

Definition

> Die Menge X heißt Teilmenge der Menge Y (in Zeichen: XçY) genau dann, wenn für alle Elemente x gilt: wenn x∈X, dann x∈Y.

Teilmenge

Eine Menge X ist demzufolge nicht Teilmenge einer Menge Y (in Zeichen: ¬(X ç Y)) genau dann, wenn es ein Element x gibt, so daß x ∈ X und ¬(x ∈ Y).

Abbildung 7 veranschaulicht Teilmengenbeziehungen unterschiedlicher Mengen X und Y in sogenannten Venndiagrammen. Abbildung 7 a) zeigt X ç Y, Abbildung 7 b) veranschaulicht Y ç X und Abbildung 7 c) demonstriert ¬(X ç Y) und ¬(Y ç X).

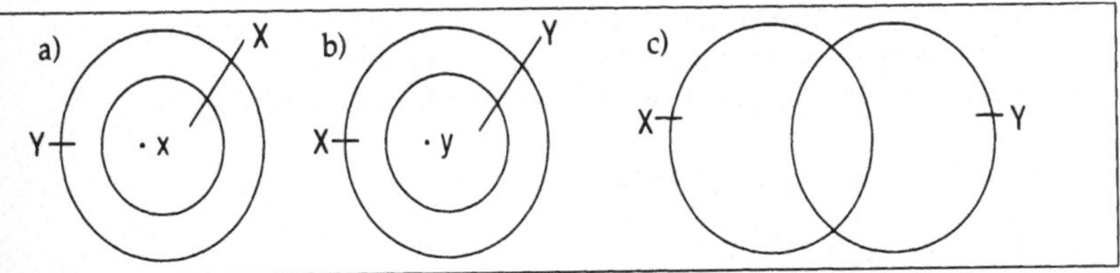

Abbildung 7a) – c): Teilmengenbeziehungen in Venndiagrammen

Beispiel:

Gegeben seien die Mengen X und Y.

1. X = {2, 5, 8} und Y = {2, 5, 8, 90}
2. X = {3, 6, 8, 9} und Y = {6, 8}
3. X = {3, 5, 7, 9} und Y = {5, 7, 10}

Entscheiden Sie, ob XçY oder YçX oder (¬(XçY) und ¬(Y ç X)).

Lösung:

zu 1: X ç Y, denn für alle x∈X gilt: x∈Y.
zu 2: YçX, denn für alle y∈Y gilt: y∈X.
zu 3: ¬(XçY) und ¬(YçX). Begründung: Es gibt das Element 3, so daß (3∈X und ¬(3∈Y)) und es gibt das Element 10, so daß (10∈Y und ¬(10∈X).

Beispiel:

Gegeben sei die Menge M = {a, b, c}. Ermitteln Sie alle Teilmengen der Menge M.

Lösung:

X = {a}, Y = {b}, Z = {c}, U = {a, b}, V = {a, c}, W = {b, c}, A = {a, b, c}.
XçM, YçM, ZçM, UçM, VçM, WçM, AçM.

Beispiel:

Es ist der folgende Sachverhalt gegeben:

„Es gibt gleichseitige, gleichschenklige und ungleichseitige Dreiecke. Ein Dreieck, das nicht gleichseitig ist, braucht nicht ungleichseitig zu sein, es kann gleichschenklig sein. Ein Dreieck, das nicht gleichschenklig ist, kann auch nicht gleichseitig sein."

Stellen Sie den geschilderten Sachverhalt in einem Venndiagramm dar.

Lösung:

Bezeichnungen:
X: Menge aller ebenen Dreiecke
Y: Menge aller gleichseitigen Dreiecke
Z: Menge aller gleichschenkligen Dreiecke
A: Menge aller ebenen Dreiecke, die nicht gleichseitig sind
B: Menge aller gleichseitigen Dreiecke, die nicht gleichschenklig sind

Teilmengenbeziehungen

Es gelten die folgenden Teilmengenbeziehungen:

Y ç X, Z ç Y, Z ç X, A ç X, B ç Y.

Abbildung 8 zeigt die Teilmengenbeziehungen zwischen den unterschiedlichen Dreiecksmengen in einem Venndiagramm.

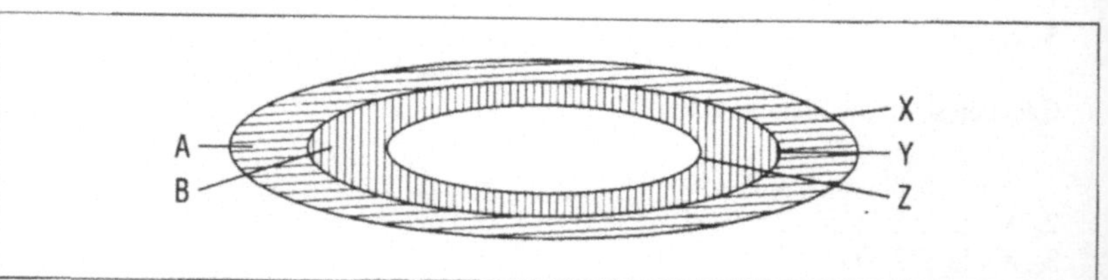

Abbildung 8: Teilmengenbeziehungen zwischen Dreiecksmengen

2.4 Mengenoperationen

Aussagenoperationen

In Kapitel 1 haben Sie Aussagenoperationen kennengelernt. Man spricht von einer zweistelligen Aussagenoperation auf der Menge aller Aussagen genau dann, wenn jedem geordneten Paar von Aussagen p und q genau eine neue Aussage x zugeordnet wird. Die Erklärung von zweistelligen Mengenoperationen führt man zurück auf die zweistelligen Aussagenoperationen Konjunktion und Disjunktion.

Veranschaulicht man sich die gegenseitige Lage beliebiger Mengen in Venndiagrammen, so sind die in Abbildung 9 dargestellten Lagen möglich.

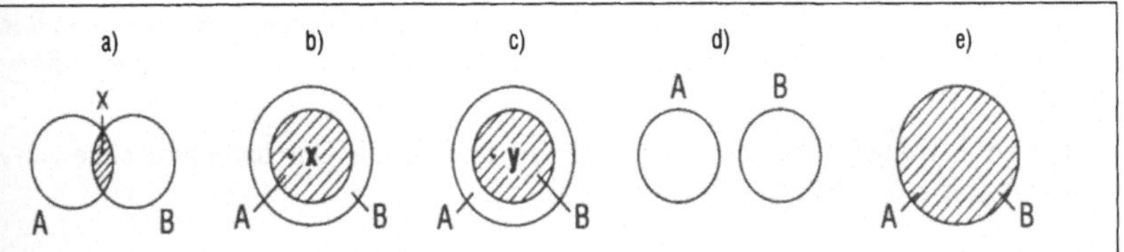

Abbildung 9a) – e): Gegenseitige Lage beliebiger Mengen A und B

Die unterschiedlichen Venndiagramme in Abbildung 9 sind folgendermaßen zu beschreiben:

a) Es gibt mindestens ein Element x, für das gilt $x \in A$ und $x \in B$;

b) für alle x gilt: wenn $x \in A$, dann $x \in B$. (AçB);

c) für alle y gilt: wenn $y \in B$, dann $y \in A$. (BçA);

d) es gibt kein Element x, $x \in A$ und $x \in B$;

e) $A = B$.

Zweistellige Mengenoperation

Gegeben sei die Menge, die als Elemente alle endlichen Mengen enthält. Man spricht von einer zweistelligen Mengenoperation auf der Menge aller endlichen Mengen genau dann, wenn jedem geordneten Paar von endlichen Mengen A und B genau eine endliche Menge X zugeordnet wird. In diesem Kapitel werden nur drei Mengenoperationen behandelt. Bei der ersten Operation wird jedem geordneten Paar von endlichen Mengen seine „Durchschnittsmenge" zugeordnet, bei der zweiten wird jedem geordneten Paar von endlichen Mengen seine „Vereinigungsmenge" zugeordnet und bei der dritten Mengenoperation wird jedem geordneten Paar von Mengen seine „Produktmenge" zugeordnet.

2.4.1 Durchschnittsmenge zweier endlicher Mengen

Definition

> Gegeben seien die endlichen Mengen A und B. Die endliche Menge X heißt Durchschnittsmenge der Mengen A und B genau dann, wenn gilt $X = \{x: x \in A \text{ und } x \in B\}$.

Bezeichnung: $X = A \cap B$

Schreibweise: $x \in A \cap B$ genau dann, wenn $x \in A$ und $x \in B$

Merke

Eine Aussage $x \in A$ und $x \in B$ ist nur dann wahr, wenn $x \in A$ wahr ist und $x \in B$ wahr ist.

Ein Element x gehört demzufolge nicht zur Durchschnittsmenge zweier Mengen A und B, wenn x entweder kein Element von A oder x kein Element von B ist.

Bildet man die Durchschnittsmenge X der in Abbildung 9 dargestellten Mengen, so gilt:

- in Abbildung 9 a) ist die Durchschnittsmenge identisch mit der schraffierten Fläche;
- in Abbildung 9 b) ist A eine Teilmenge der Menge B, so daß $A \cap B = A$;
- in Abbildung 9 c) ist B eine Teilmenge von A, so daß $A \cap B = B$;

- in Abbildung 9 d) gibt es kein x, das Element von A und gleichzeitig Element von B ist; somit ist die Durchschnittsmenge beider Mengen identisch mit der leeren Menge. ($A \cap B = \phi$).
- da in Abbildung 9 e) beide Mengen identisch sind, ist die Durchschnittsmenge von A und B gleich der gegebenen Menge.

Eigenschaften

Eigenschaften des Durchschnittes von endlichen Mengen:

1. Vollständigkeit
   Zu zwei beliebigen endlichen Mengen A und B gibt es stets eine endliche Menge X, so daß $A \cap B = X$. Wird jedem geordneten Paar von endlichen Mengen genau seine Durchschnittsmenge zugeordnet, so liegt eine zweistellige Mengenoperation auf der Menge aller endlichen Mengen vor.

2. Kommutativgesetz
   Für alle endlichen Mengen A und B gilt: $A \cap B = B \cap A$

3. Assoziativgesetz
   Für alle endlichen Mengen A, B, C gilt: $(A \cap B) \cap C = A \cap (B \cap C)$

Beispiel:

Gegeben sind die Mengen A und B. Ermitteln Sie die Durchschnittsmenge.

a) $A = \{2, 4, 7, 9\}$, $B = \{1, 3, 4, 7, 10\}$
b) $A = \{a, b, c, d, e\}$, $B = \{b, d, u, v, w\}$
c) A = {§, $, %, &}, B = {", /, (,), =}
d) A: Menge aller Quadrate, B: Menge aller Parallelogramme

Lösung:

a) $A \cap B = \{4, 7\}$, b) $A \cap B = \{b, d\}$, c) $A \cap B = \phi$, d) $A \cap B = A$.

Beispiel:

Gegeben seien die endlichen Mengen $A = \{3, 7, 9\}$, $B = \{2, 7, 9\}$ und $C = \{1, 5, 9, 11\}$. Bilden Sie die Menge $(A \cap B) \cap C$.

Lösung:

$(A \cap B) \cap C = \{7,9\} \cap \{1, 5, 9, 11\} = \{9\}$.

2.4.2 Vereinigungsmenge zweier endlicher Mengen

Definition

> Gegeben seien die endlichen Mengen A und B. Die endliche Menge X heißt Vereinigungsmenge von A und B genau dann, wenn $X = \{x: x \in A \text{ oder } x \in B\}$.

Bezeichnung: $X = A \cup B$

Schreibweise: $X \in A \cup B$ genau dann, wenn $x \in A$ oder $x \in B$

Merke

Die Aussage $x \in A$ oder $x \in B$ ist nur dann falsch, wenn die Aussage $x \in A$ falsch ist und gleichzeitig die Aussage $x \in B$ falsch ist.

Ein Element x gehört demzufolge nicht zu der Vereinigungsmenge zweier endlicher Mengen A und B, wenn x nicht Element der Menge A und auch nicht Element der Menge B ist.

Beispiel:

Gegeben seien die endlichen Mengen $A = \{4, 8, 9, 11\}$ und $B = \{1, 3, 5, 8, 12\}$. Ermitteln Sie die Vereinigung beider Mengen.

Lösung:

$A \cup B = \{1, 3, 4, 5, 8, 9, 11, 12\}$

Eigenschaften

Eigenschaften der Vereinigung von endlichen Mengen:

1. Vollständigkeit
   Zu allen endlichen Mengen A und B gibt es stets eine endliche Menge X, so daß $A \cup B = X$. Wird jedem geordneten Paar von endlichen Mengen genau seine Vereinigungsmenge zugeordnet, so spricht man von einer zweistelligen Mengenoperation auf der Menge aller endlichen Mengen.

2. Kommutativität
   Für alle endlichen Mengen A und B gilt: $A \cup B = B \cup A$

3. Assoziativität
   Für alle endlichen Mengen A, B und C gilt: $A \cup (B \cup C) = (A \cup B) \cup C$

4. Existenz des neutralen Elementes
   Es existiert eine endliche Menge N, so daß für alle endlichen Mengen X gilt:
   $X \cup N = X$ und $N \cup X = X$.

   Das neutrale Element in der Menge aller endlichen Mengen bezüglich der Vereinigung ist die leere Menge ϕ. Es gilt nämlich
   $X \cup \phi = X$ und $\phi \cup X = X$.

5. Distributivgesetz
   Für alle endlichen Mengen A, B, C gilt:
   $A \cup (B \cap C) = (A \cup B) \cap (A \cup C)$
   $A \cap (B \cup C) = (A \cap B) \cup (A \cap C)$

Beispiel:

Gegeben seien die Mengen A = {a, c, e, f}, B = {b, d, f} und C = {f, g}. Bilden Sie die folgenden Mengen:

a) $A \cup (B \cup C)$ b) $A \cup (B \cap C)$ c) $A \cap (B \cup C)$.

Lösung: a) $A \cup (B \cup C) = \{a, b, c, d, e, f, g\}$
b) $A \cup (B \cap C) = A$
c) $A \cap (B \cup C) = \{f\}$

2.4.3 Produktmenge zweier Mengen

Definition

> Gegeben seien zwei endliche Mengen A und B. Die endliche Menge X heißt Produktmenge der Mengen A und B genau dann, wenn $X = \{(x, y): x \in A \text{ und } y \in B\}$.

Bezeichnung: X = AxB

Schreibweise: $(x, y) \in$ AxB genau dann, wenn $x \in A$ und $x \in B$

Beispiel:

Zwei Schulklassen wollen einen Schachwettkampf durchführen. Aus der einen Klasse haben sich die Schüler Axel (a), Bernd (b) und Doris (d) und aus der zweiten Klasse haben sich die Schüler Renate (r), Sabine (s) und Thomas (t) für den Wettkampf eingetragen. Es wird gefordert, daß jeder Schüler der einen Klasse gegen jeden Schüler der zweiten Klasse spielt, Rückspiele sind aber nicht zugelassen.

Ermitteln Sie die Anzahl der Spiele, die bei dem Wettkampf auszutragen sind. Geben Sie alle Paarungen von Schülern in diesem Wettkampf an.

Lösung:

Alle Schüler der ersten Klasse kann man zu einer Menge zusammenfassen, die wir mit A bezeichnen wollen, A = {a, b, d}. Die Schüler der zweiten Klasse werden zu der Menge B = {r, s, t} zusammengefaßt. Da gefordert ist, keine Rückspiele auszutragen, müssen neun verschiedene Spiele ausgetragen werden. Jedes Paar von Spielern mit den Namen x und y kann man als Element (x, y) einer Menge X mit neun Elementen auffassen, X = {(a, r), (a,s), (a, t), (b, r), (b, s), (b, t), (d, r), (d, s), (d, t)}.

Für die Erstellung der Gewinnliste ist es von entscheidender Bedeutung, welcher Name an der ersten Stelle und welcher Name an der zweiten Stelle des Paares (x, y) steht. Das Paar (x, y) nennt man ein geordnetes Paar, da die Reihenfolge von x und y festgelegt ist.

Eigenschaften

Eigenschaften des Produktes von endlichen Mengen:

1. Vollständigkeit
   Zu jeder endlichen Menge A und zu jeder endlichen Menge B gibt es genau eine endliche Menge X, so daß AxB = X. Wird jedem geordneten Paar von endlichen Mengen A und B genau seine Produktmenge zugeordnet, so spricht man von einer zweistelligen Mengenoperation auf der Menge aller endlichen Mengen.

2. Assoziativgesetz
Für alle endlichen Mengen A, B, C gilt:
$A \times (B \times C) = (A \times B) \times C = A \times B \times C$
Die Menge $(A \times B) \times C$ enthält als Elemente geordnete Tripel (a, b, c), wobei $a \in A$, $b \in B$ und $c \in C$.

Für das Mengenprodukt gilt kein Kommutativgesetz, denn in jedem geordneten Paar (x, y) ist die Anordnung der Elemente x und y von entscheidender Bedeutung. Merke

Beispiel:

Gegeben sei die Menge A = {1, 2}. Welche zweistelligen natürlichen Zahlen und welche dreistelligen natürlichen Zahlen lassen sich aus den Elementen der Menge A bilden?

Geben Sie die zweistelligen und die dreistelligen natürlichen Zahlen an.

Lösung:

Eine zweistellige natürliche Zahl kann man als ein geordnetes Paar von natürlichen Zahlen auffassen. Um alle zweistelligen natürlichen Zahlen zu erhalten, kann man die Produktmenge $A \times A = \{1, 2\} \times \{1, 2\} = \{(1,1), (2, 1), (1, 2), (2, 2)\}$ bilden. Es entstehen also die zweistelligen natürlichen Zahlen 11, 12, 21 und 22.

Die Produktmenge $A \times A \times A = \{(x, y, z) : x \in A \text{ und } y \in A \text{ und } z \in A\}$ enthält acht geordnete Tripel. $A \times A \times A = \{(1, 1, 1), (1, 1, 2), (1, 2, 1), (1, 2, 2), (2, 1, 1), (2, 1, 2), (2, 2, 1), (2, 2, 2)\}$. Aus den Zahlen 1 und 2 lassen sich die folgenden acht dreistelligen Zahlen bilden: 111, 112, 121, 122, 211, 212, 221, 222.

Aufgaben zur Selbstüberprüfung:

12. Gegeben sei die Menge $M = \{a, b, c, d\}$. Entscheiden Sie, ob die folgenden Aussagen wahr oder falsch sind:

    a) $b \in M$, b) $\neg(c \in M)$, c) $u \in M$

13. Entscheiden Sie, ob die folgenden Aussagen wahr sind:

    a) $\neg(2000 \in \mathbb{N})$, b) $0 \in \mathbb{N}$, c) die Mengen $A = \{a1\}$ und $B = \{b1, b2\}$ haben die gleiche Anzahl von Elementen.

14. Geben Sie die folgenden Mengen elementweise an:

    a) $M = \{x \in \mathbb{N}: 2x + 8 = 12\}$, b) $N = \{x \in \mathbb{N}: x = -1\}$,
    c) $O = \{x \in \mathbb{N}: x + 1 = x + 1\}$

15. Gegeben seien die Mengen $A = \{a1, a2, a3\}$ und $B = \{a1, b2, a2, a3\}$. Begründen Sie, daß $\neg(A = B)$ und $A \subseteq B$.

16. Gegeben seien die folgenden Mengen

    Q: Menge aller Quadrate, R: Menge aller Rechtecke, V: Menge aller ebenen Vierecke.

    Bilden Sie die Mengen $Q \cap R$, $Q \cup R$, $Q \cap V$, $Q \cup V$, $R \cap V$, $R \cup V$, $(Q \cap R) \cup V$, $Q \cap (R \cup V)$.

17. Bilden Sie die Produktmenge der Mengen $A = \{a, b, c\}$ und $B = \{1, 2\}$.

3. Rechenoperationen auf den verschiedenen Zahlenbereichen

Lernziele:

Aufbauend auf dem Begriff der Zahlenmenge lernen Sie den Begriff des Zahlenbereiches kennen.

Sie können fünf verschiedene Zahlenbereiche unterscheiden und beherrschen die in jedem Zahlenbereich uneingeschränkt ausführbaren Rechenoperationen.

Die Eigenschaften der Rechenoperationen können Sie bei der Lösung von Aufgaben sicher anwenden.

Zweistellige Operationen

In den vorhergehenden Kapiteln lernten Sie die Begriffe „Aussagenoperation" und „Mengenoperation" kennen. Die Begriffe „Konjunktion" und „Disjunktion" zweier gegebener Aussagen sind die Grundlage für die Einführung der Begriffe „Durchschnittmenge" und „Vereinigungsmenge" zweier gegebener Mengen. Eine zweistellige Aussagenoperation auf der Menge aller Aussagen ordnet jedem geordneten Paar von Aussagen genau eine Aussage zu. Eine zweistellige Mengenoperation auf der Menge aller endlichen Mengen ordnet jedem geordneten Paar von endlichen Mengen genau eine endliche Menge zu.

Eine zweistellige Rechenoperation (man müßte eigentlich Zahlenoperation sagen) auf einer bestimmten Zahlenmenge ordnet jedem geordneten Paar von Zahlen genau eine Zahl dieser Zahlenmenge zu.

In den folgenden Abschnitten werden verschiedene Rechenoperationen auf unterschiedlichen Zahlenmengen eingeführt.

3.1 Rechenoperationen auf der Menge der natürlichen Zahlen

Natürliche Zahlen

Da der Begriff der natürlichen Zahl vom mengentheoretischen Standpunkt erklärt wurde, werden die Gesetzmäßigkeiten der Mengenoperationen zur Definition der Rechenoperationen (Zahlenoperationen) auf der Menge der natürlichen Zahlen herangezogen.

3.1.1 Rechenoperation der Addition auf IN

Beispiel:

Die endlichen Mengen A = {a1, a2, a3} und C = {c1, c2, c3} seien zwei beliebige Repräsentanten der Menge aller dreielementigen Mengen. B = {b1, b2} und D = {d1, d2} seien zwei Repräsentanten der Menge aller zweielementigen Mengen, so daß gilt $A \cap B = \phi$ und $C \cap D = \phi$. Ermitteln Sie $A \cup B$, $C \cup D$ und die Anzahl der Elemente von A, B, C, D und die Anzahl der Elemente der Vereinigungsmengen $A \cup B$, $C \cup D$.

Lösung:

Die Anzahl der Elemente der Mengen A und B erhält man durch einfaches Abzählen. Die Anzahl der Elemente von C und D kann man durch Vergleich mit den Mengen A und B ermitteln, denn C besitzt die gleiche Anzahl von Elementen wie A und D die gleiche Anzahl von Elementen wie B.

a: Anzahl der Elemente in A, $a = 3$,
b: Anzahl der Elemente in B, $b = 2$,
c: Anzahl der Elemente in C, $c = a$, das heißt $c = 3$
d: Anzahl der Elemente in D, $d = b$, das heißt $d = 2$
x: Anzahl der Elemente in $A \cup B$, $x = 5$, denn $A \cap B = \phi$
y: Anzahl der Elemente in $C \cup D$, $y = 5$, denn $C \cap D = \phi$

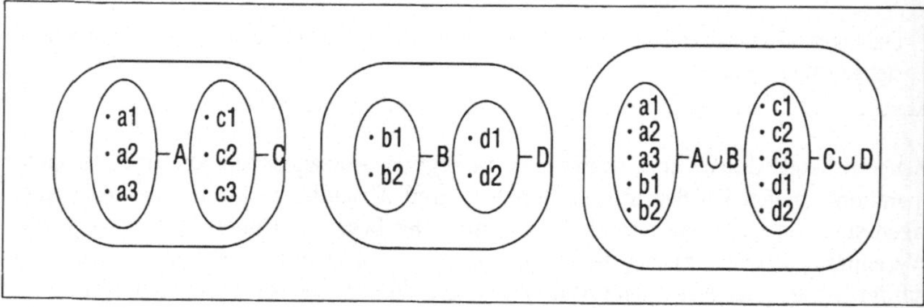

Abbildung 10: Anzahl der Elemente der Vereinigungsmenge zweier elementefremder Mengen

Erkenntnis

Gegeben sei eine Menge, die alle endlichen Mengen mit a Elementen enthält und eine zweite Menge, die alle endlichen Mengen mit b Elementen enthält ($a = b$).

Die Mengen A und C seien beliebige Repräsentanten der einen Menge. Aus der anderen Menge werden Repräsentanten B und D so ausgewählt, daß gilt: $A \cap B = \phi$ und $C \cap D = \phi$. Die endlichen Mengen $A \cup B$ und $C \cup D$ sind dann stets Elemente einer dritten Menge. Diese Menge enthält alle endlichen Mengen, die $a + b$ Elemente besitzen.

Definition

> Gegeben seien zwei natürliche Zahlen a und b.
>
> Die Menge A sei ein beliebiger Repräsentant aus der Menge aller endlichen Mengen, die a Elemente enthalten. Es gibt eine endliche Menge B, so daß b die Anzahl der Elemente von B ist und $A \cap B = \phi$.
>
> Die natürliche Zahl x heißt Summe der natürlichen Zahlen a und b genau dann, wenn x die Anzahl der Elemente der Menge $A \cup B$ angibt.

Bezeichnungen

$a + b = x$

a: Summand
b: Summand
x: Summe von a und b
+: Additionszeichen (Operationszeichen, Rechenzeichen)

Beispiel:

Gegeben sei der Repräsentant $C = \{f, g, h\}$ aus der Menge aller dreielementigen Mengen und der Repräsentant $D = \{i\}$ aus der Menge aller einelementigen Mengen. Es gilt $C \cap D = \phi$.

Ermitteln Sie $C \cup D$ und die Anzahl der Elemente von C, D und $C \cup D$.

Lösung:

$C \cup D = \{f, g, h, i\}$

c: Anzahl der Elemente von C, $c = 3$
d: Anzahl der Elemente von D, $d = 1$
x: Anzahl der Elemente von $C \cup D$, $x = 3 + 1 = 4$

Einfache Additionsaufgaben kann man durch Abzählen an den Fingern lösen.

Hinweise:

Die natürliche Zahl $n + 1$ bezeichnet man als Nachfolger der natürlichen Zahl n.

Die natürliche Zahl n ist der Vorgänger der natürlichen Zahl $n + 1$. Zu der Zahl 1 gibt es keinen Vorgänger, da 1 die erste natürliche Zahl ist.

Eigenschaften

Eigenschaften der Addition auf der Menge der natürlichen Zahlen:

1. Abgeschlossenheit
   Es wird die Frage gestellt: „Zu welcher Menge gehört das Ergebnis der Addition zweier natürlicher Zahlen?"

   Zu jeder beliebigen natürlichen Zahl a und zu jeder beliebigen natürlichen Zahl b gibt es genau eine natürliche Zahl x, so daß $a + b = x$.

   Diese Aussage ist wahr, da es zu zwei endlichen Mengen A und B ($A \cap B = \phi$) stets genau eine endliche Menge X gibt, so daß $A \cup B = X$.

   Kurzschreibweise: $a \in \mathbb{N}$ und $b \in \mathbb{N} \longrightarrow a + b \in \mathbb{N}$

   Der Begriff Abgeschlossenheit bedeutet in diesem Zusammenhang, daß die Addition auf der Menge der natürlichen Zahlen nicht aus der Menge IN herausführt. Somit ist die Addition eine Rechenoperation auf der Menge der natürlichen Zahlen.

2. Kommutativgesetz
   Für alle natürlichen Zahlen a und für alle natürlichen Zahlen b gilt: $a + b = b + a$.

   Wenn man die Summanden vertauscht, dann bleibt die Summe unverändert. Die Wahrheit dieser Aussage ergibt sich daraus, daß die Anzahl der Elemente der endlichen Menge $A \cup B$ genauso groß ist wie die Anzahl der Menge $B \cup A$. Es muß für diese Anwendung vorausgesetzt werden, daß $A \cap B = \phi$.

3. Assoziativgesetz
   Die Addition von natürlichen Zahlen kann man auf mehr als zwei natürliche Zahlen erweitern.

   Für alle natürlichen Zahlen a, b und c gilt: $(a + b) + c = a + (b + c)$.

   Da die Summe $(a + b)$ eine natürliche Zahl ist, kann eine natürliche Zahl c zu der natürlichen Zahl $(a + b)$ addiert werden. Es entsteht die natürliche Zahl $(a + b) + c$. Diese Summe hat den gleichen Wert wie die Summe $a + (b + c)$, die entsteht, wenn man zunächst die Summe $(b + c)$ bildet und zu der natürlichen Zahl a den Summanden $(b + c)$ addiert. Den Beweis für dieses Gesetz kann man mit dem Assoziativgesetz der Vereinigung dreier endlicher Mengen A, B und C führen, wobei $A \cap B = \phi$ und $A \cap C = \phi$ und $B \cap C = \phi$ erfüllt sein muß.

4. Es existiert in der Menge IN kein neutrales Element bezüglich der Addition.
   Es gibt keine natürliche Zahl $n \in \mathbb{N}$, so daß für alle natürlichen Zahlen a gilt:

   $a + n = a$ und gleichzeitig $n + a = a$.

Merke

0 ist kein Element von IN (siehe auch Abschnitt 3.2)

Beispiel:

1. Gegeben seien die Mengen $X = \{p, q\}$, $Y = \{a, b, c\}$ und $Z = \{u\}$.
   Ermitteln Sie folgende Mengen: $X \cap Y$, $X \cap Z$, $Y \cap Z$, $X \cup Y$, $X \cup Z$, $Y \cup Z$.

   Ermitteln Sie die Anzahl der Elemente der gegebenen Mengen und der Mengen $X \cup Y$, $X \cup Z$, $Y \cup Z$, $(X \cup Y) \cup Z$, $(Y \cup Z) \cup X$ und $X \cup Y \cup Z$.

Lösung:

x:	Anzahl der Elemente der Menge X, $x = 2$
y:	Anzahl der Elemente der Menge Y, $y = 3$
z:	Anzahl der Elemente der Menge Z, $z = 1$
x + y:	Anzahl der Elemente der Menge $X \cup Y$, $x + y = 5$
x + z:	Anzahl der Elemente der Menge $X \cup Z$, $x + z = 3$
y + z:	Anzahl der Elemente der Menge $Y \cup Z$, $y + z = 4$
(x + y) + z:	Anzahl der Elemente der Menge $(X \cup Y) \cup Z$, $(x + y) + z = 6$
(y + z) + x:	Anzahl der Elemente der Menge $(Y \cup Z) \cup X$, $(y + z) + x = 6$
x + y + z:	Anzahl der Elemente der Menge $X \cup Y \cup Z$, $x + y + z = 6$

Ordnung in der Menge

Mit Hilfe der Addition kann man entscheiden, welche von zwei beliebigen natürlichen Zahlen a und b die kleinere und welche damit die größere ist. Das führt zur Einführung einer Ordnung in der Menge der natürlichen Zahlen.

3.1.2 Kleiner-Beziehung in der Menge der natürlichen Zahlen

Aus der Erfahrung wissen Sie, daß man von zwei beliebigen natürlichen Zahlen a und b stets entscheiden kann, ob a > b oder a = b oder a < b ist.

Definition

> Gegeben seien zwei natürliche Zahlen a und b. Die natürliche Zahl a ist kleiner als die natürliche Zahl b (bzw. b ist größer als a) genau dann, wenn es eine natürliche Zahl x gibt, so daß a + x = b.

Beispiel:

Gegeben seien die natürlichen Zahlen 5, 9, 17. Ermitteln Sie die Zahlen, für die gilt x < y. Begründen Sie Ihr Ergebnis.

Lösung:

5 < 9, denn 5 + 4 = 9; 5 < 17, denn 5 + 12 = 17; 9 < 17, denn 9 + 8 = 17.

Zahlenstrahl

Die Menge der natürlichen Zahlen kann man auf einem Zahlenstrahl anordnen. Dazu legt man den Anfangspunkt E des Zahlenstrahles fest und ordnet ihm die erste natürliche Zahl 1 zu. Nach eigener Wahl oder entsprechend den Erfordernissen der Praxis legt man eine Einheitsstrecke EF einer bestimmten Länge fest. Trägt man die Einheitsstrecke EF an den Anfangspunkt E des Zahlenstrahles in positiver Richtung an, so entsteht ein zweiter Punkt F auf dem Zahlenstrahl, dem man die natürliche Zahl 2 zuordnet. Diesen Prozeß kann man beliebig oft fortsetzen (vergleiche Abbildung 11).

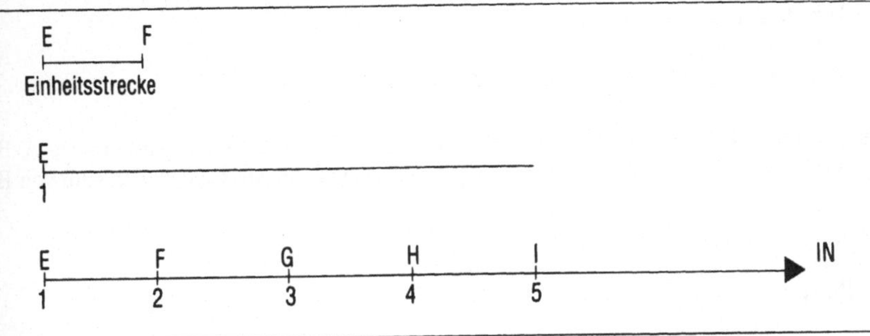

Abbildung 11: Natürliche Zahlen auf dem Zahlenstrahl

3.1.3 Multiplikation auf IN

Endliche Mengen

Analog der Vorgehensweise in Abschnitt 3.1.1 soll die Rechenoperation (Zahlenoperation) „Multiplikation" auf der Menge der natürlichen Zahlen zurückgeführt werden auf eine Mengenoperation auf der Menge aller endlichen Mengen.

Definition

Gegeben seien die natürlichen Zahlen a und b. Die Menge A sei ein Repräsentant der Menge aller endlichen Mengen mit a Elementen und die Menge B sei ein Repräsentant der Menge aller endlichen Mengen mit b Elementen.

Die natürliche Zahl x heißt Produkt von a und b genau dann, wenn x die Anzahl der Elemente der Produktmenge A x B angibt.

Bezeichnungen

a * b = x

a: Faktor
b: Faktor
x: Produkt von a und b
*: Multiplikationszeichen (Rechenzeichen, Operationszeichen). Das Multiplikationszeichen kann weggelassen werden, wenn bei der Interpretation der Aufgabe keine Mißverständnisse entstehen können.

Beispiele:

3a bedeutet 3 * a,
ab bedeutet a * b,
35 bedeutet nicht 3 * 5, 35 ist eine natürliche Zahl.

Es soll nun geklärt werden, wie man die Anzahl der Elemente der Produktmenge AxB ermittelt, wenn man die Anzahl der Elemente von A und die Anzahl der Elemente von B kennt.

Beispiel:

Gegeben ist die Menge A = {a1, a2} als Repräsentant der Menge aller zweielementigen Mengen und die Mengen B1 = {b}, B2 = {b, c}, B3 = {b, c, d}, B4 = {b, c, d, e}. Ermitteln Sie die Produktmengen AxB1, AxB2, AxB3, AxB4 und geben Sie die Anzahl der Elemente der Produktmengen an.

Lösung:

x1: Anzahl der Elemente in AxB1
x2: Anzahl der Elemente in AxB2
x3: Anzahl der Elemente in AxB3
x4: Anzahl der Elemente in AxB4
AxB1 = {(a1, b), (a2, b)}, x1 = 2,
AxB2 = {(a1, b), (a2, b), (a1, c), (a2, c)}, x2 = 2 +2,
AxB3 = {(a1, b), (a2, b), (a1, c), (a2, c), (a1, d), (a2, d)}, x3 = (2 + 2) +2
AxB4 = {(a1, b), (a2, b), (a1, c), (a2, c), (a1, d), (a2, d), (a1, e), (a2, e)}, x4 = (2 + 2 + 2) +2

Erkenntnisse:

Die Produktmenge aus einer zweielementigen Menge und einer einelementigen Menge besitzt 2 = 2 * 1 Elemente.

Die Produktmenge aus einer zweielementigen Menge und einer zweielementigen Menge besitzt 2 + 2 = 2 * 2 Elemente.

Die Produktmenge aus einer zweielementigen Menge und einer dreielementigen Menge besitzt 2 + 2 + 2 = 2 * 3 Elemente.

Die Produktmenge aus einer zweielementigen Menge und einer vierelementigen Menge besitzt 2 + 2 + 2 + 2 = 2 * 4 Elemente.

Die Produktmenge aus einer zweielementigen Menge und einer n-elementigen Menge besitzt

$$\underbrace{2 + 2 + 2 + 2 + \ldots + 2}_{\text{n-mal}} = 2 * n = 2n \text{ Elemente.}$$

Die Ermittlung der Anzahl der Elemente in einer Produktmenge kann man zurückführen auf die Addition von natürlichen Zahlen.

Das Produkt a * b der natürlichen Zahlen a und b wird folgendermaßen errechnet:

a * b = ab = a + a+ a + ... + a (b-mal) oder
a * b = ab = b + b+ b + ... + b (a-mal)

Somit ist das Multiplizieren ein Sonderfall des Addierens.

Eigenschaften der Multiplikation auf der Menge IN: **Eigenschaften**

1. Abgeschlossenheit
   Es wird wiederum die Frage gestellt, welche Zahl als Produkt entsteht, wenn zwei natürliche Zahlen multipliziert werden.

   Zu jeder natürlichen Zahl a und zu jeder natürlichen Zahl b gibt es genau eine natürliche Zahl x, so daß a * b = x. Der Begriff Abgeschlossenheit bedeutet, daß die Multiplikation von natürlichen Zahlen nicht aus der Menge der natürlichen Zahlen herausführt. Den Beweis kann man mit den Gesetzmäßigkeiten der Mengenlehre führen.

   Die Multiplikation ist somit eine Rechenoperation auf der Menge der natürlichen Zahlen.

2. Das Kommutativgesetz
   Für alle natürlichen Zahlen a und b gilt: a * b = b * a.

   Begründung:

   a sei die Anzahl der Elemente einer endlichen Menge A, zum Beispiel A = {u, v},
   b sei die Anzahl der Elemente einer endlichen Menge B, zum Beispiel B = {h, i, j}.

   Die Anzahl der Elemente der Produktmenge AxB = {(u, h), (v, h), (u, i), (v, i), (u, j), (v, j)} und die Anzahl der Elemente der Produktmenge BxA = {(h, u), (i, u), (j, u), (h, v), (i, v), (j, v)} sind identisch, obwohl die beiden Produktmengen AxB und BxA unterschiedlich sind.

3. Das Assoziativgesetz
Die Multiplikation von natürlichen Zahlen kann man auf mehr als zwei Faktoren erweitern. Bildet man die Produktmenge aus drei Mengen A, B und C, so entsteht eine Menge von geordneten Tripeln (x, y, z), wobei $x \in A$, $y \in B$ und $z \in C$. Ist a die Anzahl der Elemente der Menge A, b die Anzahl der Elemente der Menge B und c die Anzahl der Elemente der Menge C, so ist die Anzahl der Elemente der Menge (AxB)xC gleich $(a * b) * c$.

Für alle natürlichen Zahlen a, b, c gilt:

$$(a * b) * c = a * (b * c).$$

Den Nachweis für dieses Gesetz kann man mit dem Assoziativgesetz für Produktmengen führen.

4. Existenz des neutralen Elements bezüglich der Multiplikation
Es gibt eine natürliche Zahl n, so daß für alle natürlichen Zahlen a gilt:

$$a * n = a \text{ und gleichzeitig } n * a = a.$$

Das neutrale Element in der Menge der natürlichen Zahlen bezüglich der Multiplikation ist die 1, denn es gilt für alle natürlichen Zahlen a:

$$a * 1 = 1 * a = a.$$

Es gibt eine Menge A mit a Elementen, zum Beispiel A = {u, v, w}, das heißt a = 3 und die einelementrige Menge E = {f}. Die Anzahl der Elemente in AxE und in ExA ist a = 3, denn AxE = {(u, f), (v,f), (w, f)} und ExA = {(f, u), (f, v), (f, w)}.

Man kann auch sagen, daß die Multiplikation mit 1 eine gegebene natürliche Zahl nicht verändert.

5. Distributivgesetz
Für alle natürlichen Zahlen a, b, c gilt:

$$(a + b) * c = a * c + b * c$$

Die Ausdrücke auf der linken Seite und auf der rechten Seite einer Gleichung sollen im folgenden als Terme bezeichnet werden.

Die Addition und die Multiplikation von natürlichen Zahlen sind Rechenoperationen unterschiedlicher Stufen. Im Schulunterricht wird formuliert: „Punktrechnung geht vor Strichrechnung". Der Term $(a + b) * c$ ist ein Produkt. Zunächst muß der Klammerausdruck errechnet werden und dann das Produkt der Faktoren $(a + b)$ und c.

Beim Übergang von der linken Seite zur rechten Seite wird eine Summe mit einem Faktor multipliziert, das heißt, die Klammer wird ausmultipliziert. Jeder Summand wird mit dem Faktor c multipliziert. Der Term $a * c + b * c$ ist eine Summe. Da Punktrechnung vor Strichrechnung geht, müssen zunächst die Summanden $a * c$ und $b * c$ ermittelt werden, um daraus die Summe $a * c + b * c$ zu bilden.

Nacheinanderausführung von Rechenoperationen:

Rechen-
operationen

1. Multiplikation einer Summe mit einer Variablen

Beispiel:

Wandeln Sie die gegebenen Produkte in Summen um.

a) 6 (a + b), b) (x + y) 15, c) f (3 + x), d) (4 + d) e, e) (3 + x) 5

Lösung:

a) 6a + 6b, b) 15x + 15y, c) 3f + fx, d) 4e + de, e) 3*5 + 5x = 15 + 5x

2. Addition von Produkten

Gleichnamige
Terme

In den Lösungen des Beispiels treten Terme der Form 6a, 6b, 15x, 15y, 3f, 4e, 5x auf. Die Terme sind Produkte, wobei der eine Faktor eine natürliche Zahl ist und der andere Faktor eine Variable ist. Die in den Termen enthaltenen Zahlen bezeichnet man als Koeffizienten der Variablen. Zwei Terme, die die gleichen Variablen als Faktoren enthalten, nennt man auch gleichnamige Terme.

Merke

Man addiert gleichnamige Terme, indem man ihre Koeffizienten addiert.

Beispiel:

Fassen Sie alle in den folgenden Termen enthaltenen gleichnamigen Terme zusammen:

a) 7d + 3e + 5f + 7e + 2f + 6d + 9e + 6f
b) r + 9s + 8 + 7r + 5 + 3s + 5s + 7r + 4s + 13

Lösung:

zu a) 13d + 19e + 13f
zu b) 15r + 21s + 26

3. Multiplikation von Summen

Gegeben sind die Summen von natürlichen Zahlen (a + b) und (x + y). Es soll das Produkt (a + b)(x + y) in eine Summe umgewandelt werden.

Zwei in Klammern stehende Summen werden multipliziert, indem man jeden Summanden der ersten Summe mit jedem Summanden der zweiten Summe multipliziert.

$$(a + b)(x + y) = ax + ay + bx + by$$

Man sagt auch, die beiden Klammerausdrücke werden ausmultipliziert.

Beispiel:

Wandeln Sie das Produkt (x + 4)(y + 7) in eine Summe um bzw. multiplizieren Sie die Klammern aus.

Lösung:

$(x + 4)(y + 7) = xy + 7x + 4y + 28$

Bei der Einführung der Multiplikation auf der Menge der natürlichen Zahlen wurde die Frage gestellt, wie groß die Anzahl der Elemente der Produktmenge AxB zweier beliebiger endlicher Mengen A und B ist, wenn die Anzahl der Elemente von A und die Anzahl der Elemente von B bekannt sind.

Einen Sonderfall der Multiplikation erhält man, wenn man die Anzahl der Elemente der Produktmengen AxA, AxAxA, AxAxAxA usw. ermitteln will.

3.1.4 Potenzieren

Definition

> Gegeben seien die natürlichen Zahlen a und n. Es gibt eine endliche Menge A, so daß a die Anzahl der Elemente der Menge A angibt. Die natürliche Zahl x heißt Potenz von a mit dem Exponenten n genau dann, wenn x die Anzahl der Elemente der Menge AxAxAx ... xA (n-mal) angibt.

Beispiel:

Gegeben sei die zweielementige Menge A = {1, 2}. Wieviele zweistellige, dreistellige und wieviele vierstellige natürliche Zahlen kann man aus den Elementen der Menge A bilden?

Lösung:

x: Anzahl der zweistelligen Zahlen
y: Anzahl der dreistelligen Zahlen
z: Anzahl der vierstelligen Zahlen

AxA = {(1, 1), (2, 1), (1, 2), (2, 2)}, es können die zweistelligen Zahlen 11, 21, 12, 22 gebildet werden, $x = 2 * 2 = 4$.

AxAxA = {(1, 1, 1), (2, 1, 1), (1, 2, 1), (2, 2, 1), (1, 1, 2), (2, 1, 2), (1, 2, 2), (2, 2, 2)}, es können die dreistelligen Zahlen 111, 211, 121, 221, 112, 212, 122, 222 gebildet werden,
$y = 2 * 2 * 2 = 8$

Die Anzahl der Elemente der Menge AxAxAxA beträgt $z = 2 * 2 * 2 * 2 = 16$.

Bezeichnungen

> $a^n = x$
> a: Basis
> n: Exponent
> x: Potenz a hoch n

Das Potenzieren führt man zurück auf das Multiplizieren von natürlichen Zahlen.

$a^1 = a$ (Eine Potenz mit dem Exponenten 1 ergibt die Basis)
$a^2 = a * a = a * a$
$a^3 = a^2 * a = (a * a) * a = a * a * a$ (3-mal)
...
$a^n = (a^{n-1}) * a = a * a * a * \ldots * a$ (n-mal)

Das Potenzieren von natürlichen Zahlen ist somit ein Sonderfall des Multiplizierens. Analog zu den Überlegungen bei den Rechenoperationen Addition und Multiplikation sollen jetzt einige Gesetzmäßigkeiten für das Potenzieren überprüft werden.

Eigenschaften des Potenzierens auf der Menge IN: **Eigenschaften**

1. Abgeschlossenheit
   Ist die Menge der natürlichen Zahlen bezüglich des Potenzierens abgeschlossen? Da das Potenzieren ein Sonderfall des Multiplizierens ist, kann diese Frage mit ja beantwortet werden. Somit ist die folgende Aussage wahr: Für alle natürlichen Zahlen a und für alle natürlichen Zahlen n gibt es genau eine natürliche Zahl x, so daß

   $$a^n = x.$$

   Man sagt, daß das Potenzieren nicht aus der Menge der natürlichen Zahlen herausführt. Das Potenzieren ist somit eine zweistellige Rechenoperation auf der Menge IN.

2. Das Kommutativgesetz gilt nicht!

   Behauptung:

   Es ist nicht wahr, daß für alle $a \in \mathbb{N}$ und für alle $n \in \mathbb{N}$ gilt:

   $$a^n = n^a.$$

   Es gibt somit ein $a \in \mathbb{N}$ und es gibt ein $n \in \mathbb{N}$, so daß

   $$a^n \neq n^a.$$

   Zum Beweis wählen wir die natürlichen Zahlen a = 2 und n = 3 aus. Es gilt

   $$2^3 \neq 3^2, \text{ denn } 8 \neq 9.$$

3. Das Assoziativgesetz gilt nicht!

   Behauptung:

   Es gibt natürliche Zahlen a, n und m, so daß

   $$(a^n)^m \neq a^{(n^m)}.$$

   Zum Beweis wählen wir a = 2, n = 3, m = 2. Es gilt:

   $$(a^n)^m = (2^3)^2 = 8^2 = 64,$$

   $$a^{(n^m)} = 2^{(3^2)} = 2^9 = 512.$$

   Wenn die Potenz a^{n^m} zu berechnen ist, dann ist gemeint $(a^n)^m$.

4. Es existiert kein neutrales Element bezüglich des Potenzierens!

Behauptung:

Es gibt keine natürliche Zahl n, so daß

$$a^n = a \text{ und gleichzeitig } n^a = a.$$

Die natürliche Zahl n = 1 erfüllt zwar die Gleichung $a^1 = a$ für jedes beliebige a, aber die Gleichung $1^a = a$ ist nur dann eine wahre Aussage, wenn a = 1.

Rechtsneutrales Element

Jede Potenz mit dem Exponenten „1" ist identisch mit der Basis. Man bezeichnet die natürliche Zahl 1 als „rechtsneutrales Element" des Potenzierens. Beachten Sie, daß es kein „linksneutrales Element" des Potenzierens gibt.

Beispiel:

1. An einem Aktenkoffer befindet sich ein Sicherheitsschloß, das aus zwei Ringen mit jeweils neun Zahlen (1, 2, 3, 4, ..., 8, 9) besteht. Das Schloß läßt sich nur bei einer bestimmten zweistelligen Zahleneinstellung öffnen. Wieviele Zahleneinstellungen gibt es bei einem derartigen Schloß?

   Lösung:

   Die Menge A sei A = {1, 2, 3, ..., 8, 9}.
   Die Menge AxA sei dann A xA = {(1, 1), (2, 1), ..., (9,1), (1,2), ..., (1, 9), ..., (9, 9)}.

   AxA enthält $9^2 = 81$ Elemente. Bei einem derartigen Schloß gibt es demzufolge 81 verschiedene Zahleneinstellungen.

2. Berechnen Sie 2^{10} und 3^9.

   Lösung:

   Da das Rechnen mit Potenzen sehr schnell zu sehr großen Zahlen führt, empfiehlt sich die Benutzung des Taschenrechners. Die allgemeine Operationstaste für das Potenzieren ist y^x, wobei y die Basis und x der Exponent ist.

   Ermittlung von 2^{10}: Eingabe von 2
   Operationstaste y^x drücken
   Eingabe von 10
   Ergebnistaste = drücken
   Anzeige 1024

   Ermittlung von 3^9: Eingabe von 3
   Operationstaste y^x
   Eingabe von 9
   Ergebnistaste = drücken
   Anzeige 19683.

3. Berechnen Sie die folgenden Ausdrücke für a = 2 und b = 3.

   1. ab, 2. a^2b, 3. ab^2, 4. a^2b^2, 5. b^2a^2

   Lösungen:

   1. 6, 2. 12, 3. 18, 4. 36, 5. 36

. Vereinfachen Sie die folgenden Ausdrücke:

1. xy^2y 2. $(x^2)^2$ 3. abbaaa   4. $(a^2bc)^2$

Lösungen:

1. xy^3 2. $x^2 * x^2 = x^4$ 3. a^4b^2 4. $(a^2bc)(a^2bc) = a^4b^2c^2$

Zusammenfassung:

1. Die Addition ist auf der Menge der natürlichen Zahlen eine Rechenoperation, da es zu jedem geordneten Paar (a, b) von natürlichen Zahlen genau eine natürliche Zahl $x = a + b$ gibt.

2. Die Multiplikation ist auf der Menge der natürlichen Zahlen eine Rechenoperation, da es zu jedem geordneten Paar (a, b) von natürlichen Zahlen genau eine natürliche Zahl $x = ab$ gibt.

3. Das Potenzieren ist auf der Menge der natürlichen Zahlen eine Rechenoperation, da es zu jedem geordneten Paar (a, n) von natürlichen Zahlen genau eine natürliche Zahl $x = a^n$ gibt.

4. Die Menge der natürlichen Zahlen ist eine geordnete Menge, denn für alle natürlichen Zahlen a und b gilt:

   $a < b$ oder $a > b$ oder $a = b$.

Der Zahlenbereich der natürlichen Zahlen **Zahlenbereich**

Die Menge der natürlichen Zahlen, auf der die Rechenoperationen Addition, Multiplikation, Potenzieren und die Kleiner-Beziehung erklärt sind, bezeichnet man als Zahlenbereich der natürlichen Zahlen.

Die Rechenoperation Addition und die auf sie aufbauenden Rechenoperationen Multiplikation und Potenzieren bezeichnen viele Autoren als elementare Rechenoperationen. Das Potenzieren ist ein Sonderfall des Multiplizierens und das Multiplizieren ist ein Sonderfall des Addierens.

Außer den elementaren Rechenoperationen Addition, Multiplikation und Potenzieren haben Sie in der Schule das Subtrahieren, das Dividieren, das Radizieren und teilweise auch das Logarithmieren kennengelernt. Es soll nachgewiesen werden, daß man im Zahlenbereich der natürlichen Zahlen nicht uneingeschränkt subtrahieren, dividieren, radizieren und logarithmieren kann.

Beispiel:

Gegeben sind die natürlichen Zahlen a und b. Ermitteln Sie die natürlichen Zahlen x, so daß die folgenden Gleichungen wahre Aussagen werden:

1. $a + x = b$
2. $a * x = b$
3. $a^x = b$
4. $x^a = b$

Fall I: a = 2 und b = 16

Fall II: a = 5 und b = 4

Lösung:

Fall I:

1. $2 + x = 16,\ x = 14$
2. $2 * x = 16,\ x = 8$
3. $2^x = 16,\ x = 4$
4. $x^2 = 16,\ x = 4$

Fall II:

1. $5 + x = 4$, es gibt kein $x \in IN$
2. $5 * x = 4$, es gibt kein $x \in IN$
3. $5^x = 4$, es gibt kein $x \in IN$
4. $x^5 = 4$, es gibt kein $x \in IN$

Erkenntnisse

Die Erkenntnisse aus diesen Beispielen kann man folgendermaßen formulieren:

Die Rechenoperationen Addition, Multiplikation und Potenzieren sind im Zahlenbereich der natürlichen Zahlen nicht umkehrbar.

Da es natürliche Zahlen a, b, x gibt, so daß x Lösung der Gleichung 1, 2 bzw. 3 und 4 ist, sagt man auch, die Umkehroperationen zu den gegebenen Rechenoperationen sind im Zahlenbereich IN nicht uneingeschränkt ausführbar.

Für die Zahlen x, die die Gleichungen in wahre Aussagen überführen, werden neue Bezeichnungen eingeführt.

3.1.5 Umkehrungen der elementaren Rechenoperationen auf der Menge der natürlichen Zahlen IN

(1) Die Subtraktion als Umkehrung der Addition

Definition

Gegeben seien die natürlichen Zahlen a und b.

Die Zahl x heißt Differenz der natürlichen Zahlen b und a genau dann, wenn $a + x = b$.

Bezeichnungen

$x = b - a$
b: Minuend
a: Subtrahend
x: Differenz von b und a
–: Subtraktionszeichen

Es gibt natürliche Zahlen a und b, für die genau eine natürliche Zahl x existiert, so daß die Gleichung

$a + x = b$

eine wahre Aussage ist.

Da es im Zahlenbereich der natürlichen Zahlen nicht zu jedem geordneten Paar von natürlichen Zahlen eine Differenz gibt, die wiederum eine natürliche Zahl ist, ist die Subtraktion keine Rechenoperation auf dem Zahlenbereich der natürlichen Zahlen. Die

Subtraktion bezeichnet man als nicht-elementare Rechenoperation, die in IN nicht uneingeschränkt ausführbar ist.

Beispiel:

Ermitteln Sie die folgenden Differenzen von natürlichen Zahlen und begründen Sie Ihre Ergebnisse:

a) $5 - 4$ b) $104 - 19$

Lösung:

zu a) $5 - 4 = 1$, denn $5 = 4 + 1$
zu b) $104 - 19 = 85$, denn $104 = 85 + 19$

Die Subtraktion von natürlichen Zahlen ist die Umkehrung der Addition von natürlichen Zahlen:

Umkehrung der Addition

Gegeben sei eine natürliche Zahl a. Addiert man zunächst zu a die natürliche Zahl b, so entsteht die Summe $(a + b)$.

Subtrahiert man von der Summe $(a + b)$ den Summanden b wieder, so entsteht die gegebene Zahl a, $(a + b) - b = a$. Werden Addition und Subtraktion nacheinander ausgeführt, dann heben sich ihre Wirkungen auf.

Andererseits gilt auch $(a - b) + b = a$.

(2) Die Division als Umkehrung der Multiplikation

Definition

> Gegeben seien die natürlichen Zahlen a und b. Die Zahl x heißt Quotient der natürlichen Zahl b und a genau dann, wenn $a * x = b$

Bezeichnungen

> $x = b : a$
> b: Dividend (Zähler)
> a: Divisor (Nenner)
> x: Quotient (Bruch) von b und a
> : Divisionszeichen (bzw. Bruchstrich: $\frac{b}{a}$)

Es gibt natürliche Zahlen a und b, für die genau eine natürliche Zahl x existiert, so daß die Gleichung

$a * x = b$

eine wahre Aussage ist.

Da es im Zahlenbereich der natürlichen Zahlen nicht zu allen natürlichen Zahlen a und b einen Quotienten $b : a$ gibt, der eine natürliche Zahl ist, ist die Division keine Rechenoperation auf dem Zahlenbereich der natürlichen Zahlen. Sie ist eine nicht-elementare Rechenoperation, die auf IN nicht uneingeschränkt ausführbar ist.

Beispiel:

Ermitteln Sie die folgenden Quotienten und geben Sie eine Begründung für Ihre Entscheidung an:

a) 204 : 4 b) 204 : 3 c) 204 : 2

Lösung:

zu a) 204 : 4 = 51, denn 204 = 51 * 4;
4 ist somit ein Teiler von 204 bzw. 204 ist ein Vielfaches von 4.
zu b) 204 : 3 = 68, denn 204 = 68 * 3;
3 ist somit ein Teiler von 204 bzw. 204 ist ein Vielfaches von 68.
zu c) 204 : 2 = 102, denn 204 = 102 * 2;
2 ist somit ein Teiler von 204 bzw. 204 ist ein Vielfaches von 102.

Bei Nacheinanderausführung von Multiplikation und Division wird die Wirkung aufgehoben, das heißt

(a * b) : b = a und
(a : b) * b = a.

Bezeichnungen

Die natürliche Zahl a heißt Teiler der natürlichen Zahl b (in Zeichen a/b) genau dann, wenn es eine natürliche Zahl x gibt, so daß a * x = b. Die natürliche Zahl b heißt dann auch Vielfaches der natürlichen Zahl a bzw. Vielfaches der natürlichen Zahl x.

Merke

Ein Quotient von natürlichen Zahlen ist genau dann eine natürliche Zahl, wenn der Zähler ein Vielfaches des Nenners ist bzw. der Nenner ein Teiler des Zählers ist. Eine natürliche Zahl, die nur durch sich selbst oder durch 1 teilbar ist, bezeichnet man als Primzahl. Somit sind die natürlichen Zahlen 1, 2, 3, 5, 7, 11, 13, usw. Primzahlen.

Zerlegung in Primzahlen

Alle natürlichen Zahlen, die keine Primzahlen sind, lassen sich in ein Produkt von Primzahlen (in Primfaktoren) zerlegen.

Beispiel:

Zerlegen Sie die natürlichen Zahlen 165 und 246 in Primfaktoren.

Lösung:

165 = 5 * 33 246 = 2 * 123
= 5 * 3 * 11 = 2 * 3 * 41 (41 ist eine Primzahl)

Kleinstes gemeinsames Vielfaches

Das kleinste gemeinsame Vielfache von natürlichen Zahlen:

Von einer natürlichen Zahl lassen sich durch Multiplikation mit den natürlichen Zahlen 1, 2, 3, ... beliebig viele Vielfache bilden. Sind mehrere natürliche Zahlen gegeben, so haben diese gemeinsame Vielfache. Unter diesen gemeinsamen Vielfachen existiert stets ein kleinstes gemeinsames Vielfaches (in Zeichen: k. g. V.).

Beispiel:

Bilden Sie die Vielfachen der natürlichen Zahlen 3 und 4, indem Sie die Zahlen mit den natürlichen Zahlen 1, 2, 3, 4, 5, ... multiplizieren. Geben Sie das kleinste gemeinsame Vielfache der beiden Zahlen an.

Lösungen:

Vielfache von 3:	3		6		9	12	15		18		21	24	27		30		33,
Vielfache von 4:		4		8		12		16		20		24		28		32.	

Das kleinste gemeinsame Vielfache ist die natürliche Zahl 12.

Das kleinste gemeinsame Vielfache mehrerer natürlicher Zahlen ist die kleinste Zahl, die durch alle gegebenen Zahlen teilbar ist. Das kleinste gemeinsame Vielfache mehrerer Zahlen bestimmt man im allgemeinen durch Zerlegung dieser Zahlen in Primfaktoren. **Vielfaches**

Beispiel:

Ermitteln Sie das kleinste gemeinsame Vielfache der Zahlen 48, 60 und 70.

Lösung:

48 =	2 *	2 *	2 *	2 *	3				
60 =	2 *	2		*	3 *	5			
70 =	2 *					5 *	7		
k. g. V.:	2 *	2 *	2 *	2 *	3 *	5 *	7 = 1680		

Das kleinste gemeinsame Vielfache werden wir später bei der Ermittlung des Hauptnenners mehrerer Brüche benötigen.

Bisher haben Sie nur das Ausmultiplizieren von Klammern kennengelernt:

$$a(c + d) = ac + ad$$
$$(a + b)(c + d) = ac + bc + ad + bd$$

Ist eine Summe gegeben, so ist es häufig sinnvoll, sie in ein Produkt zu verwandeln.

Faktorisieren von Summen

In der Summe ac + ad enthält jeder Summand den gemeinsamen Faktor a. Diesen gemeinsamen Faktor schreibt man vor eine Klammer a ( ). Dividiert man jeden der beiden Summanden ac und ad durch den gemeinsamen Faktor a, so erhält man die Summanden, die in der Klammer stehen (c + d). Der Faktor a wurde somit ausgeklammert:
$ac + ad = a(c + d)$.

Die Summe $ax + ay + bx + by$ kann in das Produkt $(a + b)(x + y)$ umgewandelt werden.

Vorgehensweise bei der Faktorisierung:

a) Es werden die Summanden gesucht, die einen gemeinsamen Faktor enthalten; dieser wird dann ausgeklammert,

$$ax + ay = a(x + y) \text{ und } bx + by = b(x + y).$$

Die ursprünglichen Summanden wurden jeweils durch den gemeinsamen Faktor dividiert.

b) Es wird in der Summe a (x+ y) + b (x + y) der gemeinsame Faktor (x + y) ausgeklammert, so daß das Produkt

(a + b) (x + y) entsteht.

Andere Vorgehensweise: $ax + ay + bx + by = (a + b)\,x + (a + b)\,y = (a + b)(x + y)$

Beispiel:

Faktorisieren Sie die Summen

a) $xy + 2x + 4y + 8$ b) $15 + 5a + 3b + ab$

Lösung:

zu a) $xy + 2x + 4y + 8 = x(y+2) + 4(y + 2) = (x + 4)(y + 2)$
zu b) $15 + 5a + 3b + ab = 5(3 + a) + b(3 + a) = (5 + b)(3 + a)$

(3) Das Radizieren als erste Umkehrung des Potenzierens

Definition

Gegeben seien die natürlichen Zahlen n und b. Eine Zahl x heißt n-te Wurzel aus b genau dann, wenn $x^n = b$.

Bezeichnungen

$x = \sqrt[n]{b}$
n: Wurzelexponent
b: Radikand
x: n-te Wurzel aus b
$\sqrt{\ }$: Wurzelzeichen (Rechenzeichen)

Wenn n= 2, dann $\sqrt[2]{b} = \sqrt{b}$; die 2-te Wurzel heißt Quadratwurzel.
Wenn n = 1, dann $\sqrt[1]{b} = b$; die 1-te Wurzel ist identisch mit dem Radikanden.

Es gibt natürliche Zahlen n und b, für die eine natürliche Zahl x existiert, so daß die Gleichung

$$x^n = b$$

eine wahre Aussage ist.

Radizieren

Da es nicht zu allen natürlichen Zahlen n und b eine n-te Wurzel aus b gibt, ist das Radizieren keine Rechenoperation auf dem Zahlenbereich der natürlichen Zahlen. Das Radizieren bezeichnet man als eine in IN nicht uneingeschränkt ausführbare Rechenoperation.

Beispiel:

Ermitteln Sie die folgenden Wurzeln und begründen Sie Ihre Ergebnisse:

a) $\sqrt{9}$ b) $\sqrt{25}$ c) $\sqrt[3]{8}$ d) $\sqrt[3]{64}$ e) $\sqrt[4]{16}$ f) $\sqrt[4]{81}$

Lösungen:

zu a) $\sqrt{9} = 3$, denn $3^2 = 9$
zu b) $\sqrt{25} = 5$, denn $5^2 = 25$
zu c) $\sqrt[3]{8} = 2$, denn $2^3 = 8$
zu d) $\sqrt[3]{64} = 4$, denn $4^3 = 64$
zu e) $\sqrt[4]{16} = 2$, denn $2^4 = 16$
zu f) $\sqrt[4]{81} = 3$, denn $3^4 = 81$

Eine n-te Wurzel aus einer natürlichen Zahl ist eine natürliche Zahl genau dann, wenn der Radikand eine n-te Potenz zu einer beliebigen Basis ist.

Bei Nacheinanderausführungen von Potenzieren und Radizieren heben sich ihre Wirkungen auf.

$$\sqrt[n]{a^n} = a$$
$$(\sqrt[n]{a})^n = a$$

(4) **Logarithmieren als zweite Umkehrung des Potenzierens**

Definition

Gegeben seien die natürlichen Zahlen a und b, wobei $b \neq 1$ erfüllt sein muß.

Die Zahl x heißt Logarithmus von a zur Basis b ($b \neq 1$) genau dann, wenn $b^x = a$.

Bezeichnungen

$x = \log_b a$ mit $b \neq 1$

a: Numerus
b: Basis (immer ungleich 1)
x: Logarithmus von a zur Basis b
log: Logarithmenzeichen (Rechenzeichen)

Es gibt natürliche Zahlen a und es gibt natürliche Zahlen b, so daß genau eine natürliche Zahl x existiert, für die gilt:

$b^x = a$.

Da es für die Gleichung $1^x = 1$ unendlich viele Lösungen und für die Gleichung $1^x = a$ mit $a \neq 1$ keine Lösung gibt, ist ein Logarithmus zur Basis 1 nicht definiert.

Da es nicht zu allen natürlichen Zahlen a und b ($b \neq 1$) genau eine natürliche Zahl x gibt, so daß x der Logarithmus von a zur Basis b ist, ist das Logarithmieren eine in IN nicht uneingeschränkt ausführbare Rechenoperation.

Beispiele:

Ermitteln Sie die folgenden Logarithmen und begründen Sie Ihre Ergebnisse.

a) $\log_2 8$ b) $\log_2 64$ c) $\log_3 27$ d) $\log_4 16$

Lösung:

zu a) $\log_2 8 = 3$, denn $2^3 = 8$
zu b) $\log_2 64 = 6$, denn $2^6 = 64$
zu c) $\log_3 27 = 3$, denn $3^3 = 27$
zu d) $\log_4 16 = 2$, denn $4^2 = 16$

Bei Nacheinanderausführung von Potenzieren mit einer Basis b ($b \neq 1$) und Logarithmieren mit einer Basis b ($b \neq 1$) heben sich die Wirkungen auf.

$$\log_b(b^n) = n \text{ und } b^{\log_b a} = a$$

Logarithmieren

Der Logarithmus einer natürlichen Zahl a zu einer Basis $b \neq 1$ ist nur dann eine natürliche Zahl, wenn a eine Potenz zur Basis b ist.

Da die Rechenoperationen Addition, Multiplikation und Potenzieren im Zahlenbereich der natürlichen Zahlen nicht umkehrbar sind, ist es notwendig, neue Zahlenmengen zu schaffen und in ihnen die Rechenoperationen Addition, Multiplikation und Potenzieren neu zu definieren.

Aufgaben zur Selbstüberprüfung:

18. Gegeben seien die endlichen Mengen U = {u1, u2, u3, u4} und V = {v1, v2}. Ermitteln Sie $U \cap V$, $U \cup V$, die Anzahl u der Elemente von U, die Anzahl v der Elemente von V und die Anzahl x der Elemente von $U \cup V$.

19. Gegeben sei die natürliche Zahl 6. Geben Sie den Nachfolger und den Vorgänger von 6 an.

20. Gegeben seien die endlichen Mengen A = {a1}, B = {b1, b2} und C = {c1, c2, c3}. Ermitteln Sie $(A \cup B) \cup C$ und $A \cup (B \cup C)$, die Anzahl a der Elemente von A, die Anzahl b der Elemente von B, die Anzahl c der Elemente von C, die Anzahl x der Elemente von $(A \cup B) \cup C$ und die Anzahl y der Elemente von $A \cup (B \cup C)$.

21. Begründen Sie, daß $3 < 8$.

22. Gegeben seien die endlichen Mengen U = {u1, u2, u3} und V = {v1, v2}. Bilden Sie UxV. Geben Sie die Anzahl u der Elemente von U, die Anzahl v der Elemente von V und die Anzahl x der Elemente von UxV an.

23. Multiplizieren Sie die folgenden Klammern aus:

    a) $x(2u + 3v + 5)$ b) $5u(6x + 7y)$ c) $(3x + 5y)(8u)$

24. Fassen Sie die Glieder der folgenden Summe so weit wie möglich zusammen:

    a) $3u + 9v + 12w + 13u + 14v + 15w$ b) $12xy + 6ab + 18uv + 3ab + 6uv + 4xy$

25. Wandeln Sie die folgenden Produkte in Summen um:

a) $(2 + x)(y + 7)$ b) $(3x + 4y)(5x + 2y)$

26. In einer elektrischen Schaltung werden vier verschiedene Schalter eingebaut. Jeder Schalter kann entweder geschlossen oder geöffnet sein. Wieviele verschiedene Zustände lassen sich mit vier verschiedenen Schaltern einstellen?

27. Berechnen Sie 2^{11}.

28. Berechnen Sie die folgenden Ausdrücke für $x = 3$ und $y = 4$.

a) x^2y^2 b) x^3y^3

29. Vereinfachen Sie die folgenden Ausdrücke:

a) $xyzx^2yz^2$ b) $(u^2vw^2)^2$

30. Ermitteln Sie die natürlichen Zahlen x, so daß die folgenden Gleichungen wahre Aussagen sind:

a) $3 + x = 5$ b) $2 * x = 6$ c) $4^x = 64$ d) $x^2 = 225$

31. Entscheiden Sie, ob die folgenden Aussagen wahr oder falsch sind. Begründen Sie Ihre Behauptung.

a) Die natürliche Zahl 4 ist ein Teiler der natürlichen Zahl 208.
b) Die natürliche Zahl 34 ist ein Vielfaches der natürlichen Zahl 4.
c) Die natürliche Zahl 11 ist eine Primzahl.

32. Bilden Sie das kleinste gemeinsame Vielfache der natürlichen Zahlen 12, 18, 50.

33. Faktorisieren Sie die folgenden Summen:

a) $6uv + 8u + 9v + 12$ b) $99 + 9d + 11c + cd$

34. Berechnen Sie die folgenden Wurzeln und begründen Sie Ihr Ergebnis:

a) $\sqrt{625}$ b) $\sqrt[3]{216}$

35. Berechnen Sie die folgenden Logarithmen und begründen Sie Ihr Ergebnis:

a) $\log_{25}625$ b) $\log_6 216$

36. Überprüfen Sie die folgenden Aussagen auf ihren Wahrheitswert:

a) $(51-3) \in \mathrm{IN}$ b) $(0 : 4) \in \mathrm{IN}$ c) $7 : 0 \in \mathrm{IN}$ d) $10 : 2 \in \mathrm{IN}$
e) $\sqrt{5} \in \mathrm{IN}$ f) $\sqrt{196} \in \mathrm{IN}$ g) $\log_2 16 \in \mathrm{IN}$ h) $\log_3 15 \in \mathrm{IN}$

3.2 Zahlenbereich der ganzen Zahlen

3.2.1 Begriff der ganzen Zahl

Ganze Zahl

Zunächst soll die nichtnegative ganze Zahl 0 eingeführt werden. Viele Autoren bezeichnen die 0 auch als natürliche Zahl. Die Menge $IN_0 = IN \cup \{0\}$ wird dann als Menge der natürlichen Zahlen unter Einschluß der natürlichen Zahl 0 bezeichnet. Die natürliche Zahl 0 ist dann die Bezeichnung für die Menge zweiter Stufe, die die leere Menge ϕ als Element enthält.

In unseren weiteren Betrachtungen gehen wir von der Menge IN_0 als Menge der natürlichen Zahlen aus, die die natürliche Zahl 0 als erstes Element enthält.

Wir können nachweisen, daß Gleichungen der Form $a + x = b$ im Zahlenbereich der natürlichen Zahlen IN_0 nicht für alle a und b lösbar sind. x ist nur dann eine natürliche Zahl, wenn $a \leq b$.

Es gilt somit $x = b - a \in IN_0$ genau dann, wenn $b \geq a$.

Beispiel:

Schreiben Sie die Zahlen x in den folgenden Gleichungen als Differenzen:

a) $0 + x = 2,\quad 1 + x = 3,\quad 2 + x = 4,\quad 3 + x = 5,\quad 4 + x = 6,\quad 5 + x = 7,\quad 6 + x = 8$
b) $0 + x = 0,\quad 1 + x = 1,\quad 2 + x = 2,\quad 3 + x = 3,\quad 4 + x = 4,\quad 5 + x = 5,\quad 6 + x = 6$
c) $1 + x = 0,\quad 2 + x = 1,\quad 3 + x = 2,\quad 4 + x = 3,\quad 5 + x = 4,\quad 6 + x = 5,\quad 7 + x = 6$

Lösungen:

a) $x = 2 - 0,\quad x = 3 - 1,\quad x = 4 - 2,\quad x = 5 - 3,\quad x = 6 - 4,\quad x = 7 - 5,\quad x = 8 - 6$
b) $x = 0 - 0,\quad x = 1 - 1,\quad x = 2 - 2,\quad x = 3 - 3,\quad x = 4 - 4,\quad x = 5 - 5,\quad x = 6 - 6$
c) $x = 0 - 1,\quad x = 1 - 2,\quad x = 2 - 3,\quad x = 3 - 4,\quad x = 4 - 5,\quad x = 5 - 6,\quad x = 6 - 7$

Zahlenstrahl

Zur Darstellung der Differenzen benötigt man einen Zahlenstrahl mit den natürlichen Zahlen 0, 1, 2, 3, 4 ..., der zu einer Zahlengeraden erweitert wird. Die Länge der Einheitsstrecke OE, wobei der Punkt O der natürlichen Zahl 0 und der Punkt E der natürlichen Zahl 1 entspricht, sei festgelegt. Die Zuordnung zwischen Differenzen von natürlichen Zahlen und Punkten auf der Zahlengeraden kann wie folgt vorgenommen werden (Vergleiche Abbildung 12).

Darstellung der Differenz $a - b$ mit $a \in IN_0$, $b \in IN_0$ auf der Zahlengeraden

a) Dem Minuenden a entspricht eine Strecke OA auf dem Zahlenstrahl
b) Dem Subtrahenden b entspricht eine Strecke OB auf dem Zahlenstrahl
c) Der Differenz $x = a - b$ entspricht die folgende Strecke OX auf der Zahlengeraden: Den Endpunkt X der Strecke OX erhält man, indem man an den Endpunkt der Strecke OA die Strecke OB in negativer Richtung anträgt.

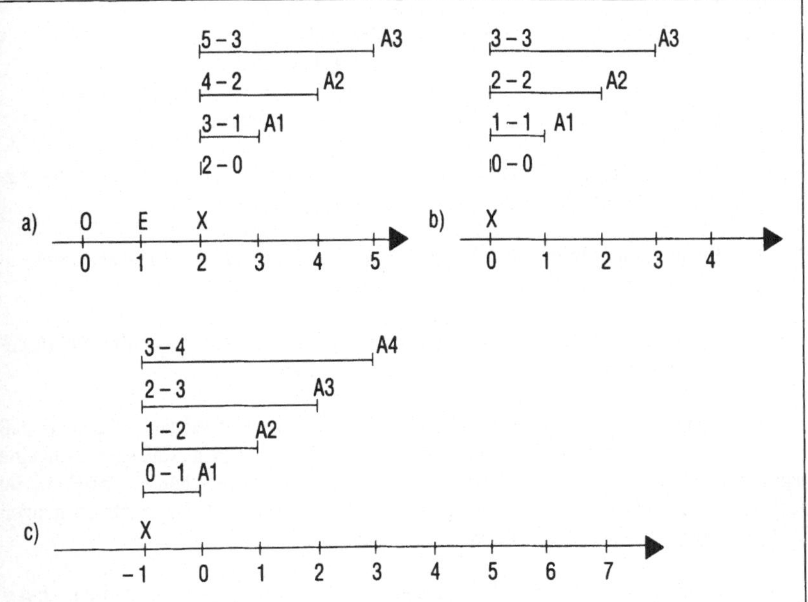

Abbildung 12: Differenzen auf der Zahlengeraden

Es kann festgestellt werden, daß jedem geordneten Paar von natürlichen Zahlen aus IN_0 genau eine Differenz zugeordnet wird. Es gibt geordnete Paare von natürlichen Zahlen, denen gleiche Differenzen zugeordnet werden.

Definition

> Gegeben seien beliebige natürliche Zahlen $a \in_{IN0}$, $b \in IN_0$, $c \in IN_0$, $d \in IN_0$. Das geordnete Paar (a, b) heißt differenzengleich zum geordneten Paar (c, d) genau dann, wenn $a + d = c + b$.

Schreibweise: $a - b = c - d$ genau dann, wenn $a + d = c + b$

Beispiel:

Beweisen Sie, daß die folgenden Differenzen gleich sind:

a) $2 - 0 = 3 - 1$, $2 - 0 = 4 - 2$, $2 - 0 = 5 - 3$, $2 - 0 = 6 - 4$
b) $0 - 0 = 1 - 1$, $1 - 1 = 2 - 2$, $2 - 2 = 3 - 3$, $3 - 3 = 4 - 4$
c) $0 - 1 = 1 - 2$, $1 - 2 = 2 - 3$, $2 - 3 = 3 - 4$, $3 - 4 = 4 - 5$

Lösung:

a) $2 + 1 = 3 + 0$, $2 + 2 = 4 + 0$, $2 + 3 = 5 + 0$, $2 + 4 = 6 + 0$
b) $0 + 1 = 1 + 0$, $1 + 2 = 2 + 1$, $2 + 3 = 3 + 2$, $3 + 4 = 4 + 3$
c) $0 + 2 = 1 + 1$, $1 + 3 = 2 + 2$, $2 + 4 = 3 + 3$, $3 + 5 = 4 + 4$

Menge von Paaren

Alle zueinander differenzengleichen geordneten Paare von natürlichen Zahlen werden zu einer Menge zusammengefaßt. Als Repräsentanten einer bestimmten Menge wählt man zweckmäßigerweise die Differenzen aus, die an der ersten Stelle oder an der zweiten Stelle eine 0 haben.

{2 – 0, 3 – 1, 4 – 2, 5 – 3, 6 – 4, 7 – 5, 8 – 6, ...} Repräsentant: 2 – 0
{0 – 0, 1 – 1, 2 – 2, 3 – 3, 4 – 4, 5 – 5, 6 – 6, ...} Repräsentant: 0 – 0
{0 – 1, 1 – 2, 2 – 3, 3 – 4, 4 – 5, 5 – 6, 6 – 7, ...} Repräsentant: 0 – 1

Als Repräsentanten können aber auch andere Differenzen fungieren.

Die unendliche Menge von differenzengleichen Paaren natürlicher Zahlen, die den Repräsentanten a – 0 besitzt, bezeichnet man als positive ganze Zahl + a.

Die unendliche Menge differenzengleicher Paare natürlicher Zahlen, die den Repräsentanten 0 – 0 besitzt, bezeichnet man als nichtnegative ganze Zahl 0.

Die unendliche Menge differenzengleicher Paare natürlicher Zahlen, die den Repräsentanten 0 – b besitzt, bezeichnet man als negative ganze Zahl – b.

Ganze Zahlen sind also stets vorzeichenbehaftete Zahlen. Das Vorzeichen „+" gibt an, daß es sich um eine positive ganze Zahl handelt. Das Vorzeichen „–" zeigt, daß es sich um eine negative ganze Zahl handelt. Die ganze Zahl 0 wird ohne Vorzeichen geschrieben. Bei positiven ganzen Zahlen kann man das Vorzeichen weglassen. Jeder positiven ganzen Zahl kann man genau eine natürliche Zahl zuordnen.

Gewinn

Positive ganze Zahlen kann man sich vorstellen als (positiven) Gewinn, den ein Unternehmen bei Rechnungsabschluß erzielt hat. Jeder Gewinn errechnet sich als Differenz aus den Einnahmen und den Ausgaben während einer bestimmten Periode. Bei einem positiven Gewinn sind die Einnahmen also größer als die Ausgaben.

Negative ganze Zahlen sind vorstellbar als Verluste (negative Gewinne). Sind die Einnahmen während eines Abrechnungszeitraumes kleiner als die Ausgaben, so ist die Differenz aus beiden, also der Gewinn negativ.

Definition

> Die Zahl g heißt ganze Zahl genau dann, wenn g eine unendliche Menge von zueinander differenzengleichen Paaren von natürlichen Zahlen aus IN_0 ist.

Eigenschaften

Eigenschaften der Menge der ganzen Zahlen:

- Es gibt keine erste ganze Zahl.
- Zu jeder beliebigen ganzen Zahl g gibt es einen Nachfolger.
- Es gibt keine letzte ganze Zahl.
- Die Menge der natürlichen Zahlen ist eine Teilmenge der Menge der ganzen Zahlen. Es gilt: $IN \subset IG$ und $IN_0 \subset IG$.

Definition

> Die nichtnegative ganze Zahl $|x|$ heißt absoluter Betrag der ganzen Zahl x genau dann, wenn
>
> $$|x| = \begin{cases} x, \text{ wenn } x \geq 0 \\ -x, \text{ wenn } x < 0 \end{cases}$$

Beispiele:

Ermitteln Sie die folgenden absoluten Beträge:

a) $|3|$, b) $|-3|$, c) $|u|$, d) $|-v|$

Lösung:

zu a) 3 zu b) $-(-3) = 3$ zu c) $-u$, wenn $u < 0$ oder u, wenn $u \geq 0$
zu d) $-v$, wenn $-v \geq 0$, $-(-v) = v$, wenn $-v < 0$

3.2.2 Kleiner-Beziehung in der Menge der ganzen Zahlen

Definition

Gegeben seien zwei ganze Zahlen a und b. Die Differenz $a1 - a2$ sei ein beliebiger Repräsentant von a und die Differenz $b1 - b2$ sei ein beliebiger Repräsentant von b.

$a < b$ genau dann, wenn $a1 + b2 < b1 + a2$.

Beispiele:

Weisen Sie nach, daß die folgenden Kleiner-Beziehungen wahre Aussagen sind:

a) $3 - 9 < 3 - 6$ b) $5 - 8 < 7 - 2$ c) $9 - 5 < 10 - 3$

Lösungen:

zu a) $3 + 6 < 3 + 9$, also $-6 < -3$
zu b) $5 + 2 < 7 + 8$, also $-3 < 5$
zu c) $9 + 3 < 10 + 5$, also $4 < 7$

Hinweise

Für zwei negative ganze Zahlen a und b gilt:
$a < b$ genau dann, wenn $|a| > |b|$.
Beispiel: $-10 < -8$, denn $|-10| > |-8|$
Eine negative ganze Zahl ist stets kleiner als eine positive ganze Zahl.

Die neue Zahlenmenge wurde eingeführt, um die Umkehrung der Addition, die Subtraktion, uneingeschränkt durchführen zu können. In den folgenden Abschnitten werden die elementaren Rechenoperationen auf der Menge der ganzen Zahlen definiert.

3.2.3 Addition auf IG

Definition

> Gegeben seien die ganzen Zahlen u und v. Die Differenz u1 – u2 sei ein beliebiger Repräsentant von u, und die Differenz v1 – v2 sei ein beliebiger Repräsentant von v.
>
> u + v heißt Summe der ganzen Zahlen u und v genau dann, wenn (u1 + v1) – (u2 + v2) ein Repräsentant von u + v ist.

Merke

> Zwei Differenzen werden addiert, indem man die Differenz aus der Summe der Vorderglieder (Minuenden) und der Summe der Hinterglieder (Subtrahenden) bildet: (u1 – u2) + (v1 – v2) = (u1 + v1) – (u2 + v2)

Einnahmen und Ausgaben

Will der Unternehmer den Gewinn ermitteln, den er innerhalb zweier Abrechnungszeiträume erzielt hat, so ermittelt er die Summe der Einnahmen und die Summe der Ausgaben und bildet aus beiden Summen die Differenz.

Beispiel:

Addieren Sie die folgenden Differenzen:

a) (4 – 3) + (4 – 2), (5 – 4) + (8 – 6), (13 – 12) + (10 – 8), (1 – 0) + (2 – 0)
b) (3 – 4) + (2 – 4), (4 – 5) + (6 – 8), (12 – 13) + (8 – 10), (0 – 1) + (0 – 2)
c) (1 – 4) + (4 – 2), (2 – 5) + (8 – 6), (15 – 18) + (8 – 6), (0 – 3) + (2 – 0)
d) (4 – 1) + (2 – 4), (5 – 2) + (6 – 8), (18 – 15) + (6 – 8), (3 – 0) + (0 – 2)

Lösung:

zu a) 8 – 5, 13 – 10, 23 – 20, 3 – 0 Ergebnis: (+ 1) + (+ 2) = +3
zu b) 5 – 8, 10 – 13, 20 – 23, 0 – 3 Ergebnis: (– 1) + (– 2) = – 3
zu c) 5 – 6, 10 – 11, 23 – 24, 2 – 3 Ergebnis: (– 3) + (+ 2) = – 1
zu d) 6 – 5, 11 – 10, 24 – 23, 3 – 2 Ergebnis: (+ 3) + (– 2) = + 1

Addition

Wurden im Unternehmen in zwei Zeiträumen (positive) Gewinne erzielt, so ist der Gewinn am Ende der zweiten Periode größer als am Ende der ersten Periode. Wurden in zwei Perioden Verluste erzielt, so steigt der Gesamtverlust im Vergleich zum Verlust der ersten Periode. Wurden zunächst Verluste erzielt und dann Gewinne, so sinken die Verluste. Hat das Unternehmen in der ersten Periode Gewinne erwirtschaftet und in der zweiten Periode Verluste, so sind die insgesamt erzielten Gewinne niedriger als die in der ersten Periode. Es können auch Verluste entstehen.

In der Aufgabe (+ 3) + (– 4) bedeuten:

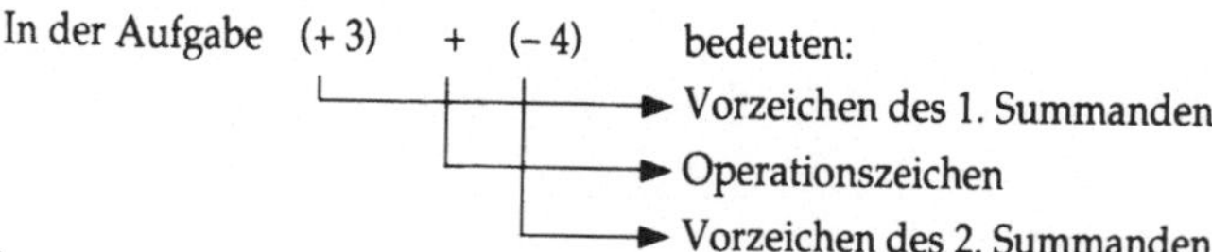

Eigenschaften der Addition auf IG: **Eigenschaften**

1. Vollständigkeit
   Zu jeder beliebigen ganzen Zahl a und zu jeder beliebigen ganzen Zahl b gibt es genau eine ganze Zahl x, so daß a + b = x. Die Addition ist somit auf der Menge der ganzen Zahlen eine Rechenoperation.

2. Kommutativität
   Für alle Zahlen a und b gilt: a + b = b + a

3. Assoziativität
   Für alle ganzen Zahlen a, b, c gilt: (a + b) + c = a + (b + c)

4. Existenz des neutralen Elementes
   Es gibt eine ganze Zahl n, so daß für alle ganzen Zahlen a gilt:

   $$a + n = a \text{ und } n + a = a$$

   Das neutrale Element der Addition in der Menge der ganzen Zahlen ist die ganze Zahl 0.

Es soll nun geprüft werden, ob die Umkehrung der Addition ebenfalls eine Rechenoperation auf IG ist.

3.2.4 Subtraktion auf IG

Gegeben seien die ganzen Zahlen a und b. Die Zahl x heißt Differenz der ganzen Zahlen a und b genau dann, wenn a + x = b.

Definition

Berechnung der Differenz der ganzen Zahlen a und b:

a1 – a2 sei ein Repräsentant von a,
b1 – b2 sei ein Repräsentant von b,
x1 – x2 sei ein Repräsentant von x, mit

$$(a1 - a2) + (x1 - x2) = (b1 - b2)$$
$$(x1 - x2) = (b1 - b2) - (a1 - a2)$$
$$(x1 - x2) = (b1 + a2) - (a1 + b2).$$

(x1 – x2) ist eine ganze Zahl, da sie als Differenz zweier natürlicher Zahlen darstellbar ist.

Beispiel:

Bilden Sie die Differenzen der folgenden Differenzen:

a) (6 – 3) – (5 – 4) bzw. (+ 3) – (+ 1)
b) (7 – 2) – (9 – 3) bzw. (+ 5) – (+ 6)
c) (2 – 7) – (5 – 4) bzw. (– 5) – (+ 1)
d) (3 – 9) – (8 – 9) bzw. (– 6) – (– 1)
e) (2 – 4) – (2 – 5) bzw. (– 2) – (– 3)

Lösung:

zu a) $(6 + 4) - (5 + 3) = 10 - 8 = 2$
zu b) $(7 + 3) - (9 + 2) = 10 - 11 = -1$
zu c) $(2 + 4) - (5 + 7) = 6 - 12 = -6$
zu d) $(3 + 9) - (8 + 9) = 12 - 17 = -5$
zu e) $(2 + 5) - (2 + 4) = 7 - 6 = 1$

Eigenschaften

Eigenschaften der Subtraktion:

1. Vollständigkeit
   Zu jedem geordneten Paar von ganzen Zahlen a und b gibt es genau eine ganze Zahl x, so daß $a + x = b$.

   Die Subtraktion ist somit eine zweistellige Rechenoperation auf der Menge der ganzen Zahlen.

2. Das Kommutativgesetz ist nicht erfüllt!

   Es gibt ganze Zahlen a und b, für die gilt: $a - b \neq b - a$
   Beispiel: $a = -2$, $b = -3$
   $a - b = (-2) - (-3) = +1$
   $b - a = (-3) - (-2) = -1$

3. Das Assoziativgesetz gilt nicht!

   Es gibt ganze Zahlen a, b, c, so daß $(a - b) - c \neq a - (b - c)$.
   Beispiel: $a = 2$, $b = 3$, $c = 4$
   $(a - b) - c = (2 - 3) - 4 = -1 - 4 = -5$
   $a - (b - c) = 2 - (3 - 4) = 2 - (-1) = 3$

   Für alle ganzen Zahlen gilt: $(a - b) - c = a - (b + c)$.

4. Es gibt bezüglich der Subtraktion kein neutrales Element in IG.
   Es gibt keine ganze Zahl n, so daß für alle ganzen Zahlen a gilt:

   $a - n = a$ und $n - a = a$

   Da für die ganze Zahl 0 die Gleichung $a - 0 = a$ erfüllt ist, bezeichnet man die 0 als rechtsneutrales Element bezüglich der Subtraktion. Die Gleichung $0 - a = a$ ist offensichtlich eine falsche Aussage.

Die Subtraktion auf IG ist die Umkehroperation der Addition auf IG. Für alle ganzen Zahlen a und b gilt somit:

$(a + b) - b = a$
$(a - b) + b = a$

Algebraische Summe

Unter einer algebraischen Summe versteht man einen Term, in dem die einzelnen Glieder nur durch Additions- oder Subtraktionszeichen miteinander verbunden sind.

Addition und Subtraktion von algebraischen Summen

Beispiel:

Ermitteln Sie die folgenden ganzen Zahlen:

a) $12 - (3 + 4)$ b) $5 - 8 - ((-4) + (-2))$ c) $-(3 - 5) + (-2 + 3 - 4)$

Lösung:

zu a) $12 - 7 = 5$ zu b) $-3 - (-6) = -3 + 6 = 3$ zu c) $-(-2) + (-3) = 2 - 3 = -1$

Regeln der Addition und Subtraktion von algebraischen Summen:

1. Die ganzen Zahlen innerhalb aller Klammern sind zuerst auszurechen, dann werden die Summen bzw. Differenzen der Klammerausdrücke gebildet.

2. Steht vor einer Klammer das Rechenzeichen „+", dann darf die Klammer einfach weggelassen werden.

$$a + (b + c) = a + b + c$$
$$a + (b - c) = a + b - c$$

3. Steht vor einer Klammer das Rechenzeichen „–", dann werden zunächst die Umkehrzeichen der Rechenzeichen in der Klammer gebildet und dann wird die Klammer weggelassen.

$$a - (b + c) = a - b - c$$
$$a - (b - c) = a - b + c$$

3.2.5 Multiplikation auf IG

Definition

Gegeben seien die ganzen Zahlen a und b. Die Differenz $a1 - a2$ sei ein beliebiger Repräsentant von a und die Differenz $b1 - b2$ sei ein beliebiger Repräsentant von b. Die ganze Zahl x heißt Produkt von a und b genau dann, wenn

$$(a1 * b1 + a2 * b2) - (a1 * b2 + a2 * b1)$$

ein Repräsentant von x ist.

Beispiel:

Berechnen Sie die Produkte der folgenden Differenzen bzw. ganzen Zahlen:

a) $(4 - 2)(5 - 3)$ bzw. $(+2) * 2$
b) $(6 - 3)(3 - 5)$ bzw. $(+3) * (-2)$
c) $(1 - 5)(4 - 2)$ bzw. $(-4) * (+2)$
d) $(2 - 9)(6 - 8)$ bzw. $(-7) * (-2)$

Lösung:

zu a) $(4 * 5 + 2 * 3) - (4 * 3 + 2 * 5) = 26 - 22 = +4$
zu b) $(6 * 3 + 3 * 5) - (6 * 5 + 3 * 3) = 33 - 39 = -6$
zu c) $(1 * 4 + 5 * 2) - (1 * 2 + 5 * 4) = 14 - 22 = -8$
zu d) $(2 * 6 + 9 * 8) - (2 * 8 + 9 * 6) = 84 - 70 = +14$

Regeln für das Multiplizieren von ganzen Zahlen:

1. Das Produkt zweier ganzer Zahlen ist positiv genau dann, wenn entweder beide Faktoren positiv oder beide Faktoren negativ sind.

   $a * b >$ genau dann, wenn
   $(a > 0$ und $b > 0)$ oder $(a < 0$ und $b < 0)$

2. Das Produkt zweier ganzer Zahlen ist negativ genau dann, wenn ein Faktor positiv und der andere Faktor negativ ist.

   $a * b < 0$ genau dann, wenn
   $(a > 0$ und $b < 0)$ oder $(a < 0$ und $b > 0)$

Beispiel:

Berechnen Sie die folgenden Produkte

a) $7(-3)$ b) $(-5)(-3)$ c) $(-6)2$ d) $(-7)(-4)(-6) * 5 * 0 * 3$
e) $3(4 + 2)$ f) $6(7-4)$ g) $6 * 7 - 4$

Lösungen:

Eigenschaften

zu a) -21 zu b) 15 zu c) -12 zu d) 0, denn ein Faktor ist 0
zu e) $12 + 6 = 18$ zu f) $6 * 3 = 42 - 24 = 18$ zu g) $42 - 4 = 38$

Eigenschaften der Multiplikation in IG:

1. Abgeschlossenheit
   Zu allen ganzen Zahlen a und b gibt es genau eine ganze Zahl x, so daß $x = a * b$.

   Die Multiplikation ist somit eine zweistellige Rechenoperation auf der Menge der ganzen Zahlen.

2. Kommutativgesetz
   Für alle ganzen Zahlen a und b gilt: $a * b = b * a$

3. Assoziativgesetz
   Für alle ganzen Zahlen a, b, c gilt: $a * (b * c) = (a * b) * c$

4. Existenz des neutralen Elementes
   Es gibt eine ganze Zahl n, so daß für alle ganzen Zahlen a gilt:

   $a * n = a$ und $n * a = a$.

   Das neutrale Element der Multiplikation in IG ist die ganze Zahl 1.

5. Distributivgesetz
   Für alle $a \in IG$, $b \in IG$, $c \in IG$ gilt:

$$a * (b + c) = a * b + a * c$$
$$a * (b - c) = a * b - a * c$$

Rechenregeln

Eine Summe bzw. Differenz von ganzen Zahlen wird mit einer Variablen multipliziert, indem man die Variable mit den einzelnen Gliedern der Summe bzw. Differenz multipliziert und die einzelnen Produkte addiert bzw. subtrahiert. Diese Überführung eines Produktes in eine Summe bzw. Differenz bezeichnet man als Ausmultiplizieren der Klammern.

Nacheinanderausführung

Nacheinanderausführung von Rechenoperationen:

a) Multiplikation einer algebraischen Summe mit einem Faktor:

Beispiel:

Wandeln Sie die folgenden Produkte in Summen oder Differenzen um:

a) $2(7x - 9y)$ b) $x(3u - 5v)$ c) $2x(5u - 9v)$

Lösung:

zu a) $14x - 18y$ zu b) $3xu - 5xv$ zu c) $10\,xu - 18\,xv$

b) Multiplikation von algebraischen Summen:

Zwei algebraische Summen werden miteinander multipliziert, indem man jedes Glied der einen Summe mit jedem Glied der anderen Summe addiert bzw. subtrahiert.

$$(a + b)(c + d) = a * c + b * d + a * d + b * c$$
$$(a - b)(c + d) = a * c - b * d + a * d - b * c$$
$$(a + b)(c - d) = a * c - b * d - a * d + b * c$$
$$(a - b)(c - d) = a * c + b * d - a * d - b * c$$

Beispiel:

Wandeln Sie die folgenden Produkte in Summen um:

a) $(2x - 3y)(3u - 7v)$ b) $(3a + 9b)(4d - 5e)$

Lösung:

zu a) $6xu + 21yv - 14xv - 9yu$ zu b) $12ad - 45be - 15ae + 36bd$

c) Faktorisieren von algebraischen Summen:

Beispiel:

Wandeln Sie die folgenden algebraischen Summen in Produkte um:

a) $6xyz - 12xy + 21yz$
b) $16xu + 18xv - 56yu - 63yv$

Lösung:

zu a) $3y(2xz - 4x + 7z)$, die gemeinsamen Faktoren werden ausgeklammert
zu b) $2x(8u + 9v) - 7y(8u + 9v) = (2x - 7y)(8u + 9y)$
$8u(2x - 7y) + 9v(2x - 7y) = (8u + 9v)(2x - 7y)$

d) Auflösen von Klammerausdrücken:

Beispiel:

Ermitteln Sie die ganze Zahl, für die gilt $3(7 - 2(5 - 8(2 - 6) - 2(3 - 4)))$.

Lösung:

Die Auflösung eines solchen Klammerausdruckes sollte man am besten von innen nach außen vornehmen.

$3(7 - 2(5 - 8(-4) - 2(-1))) = 3(7 - 2(5 + 32 + 2)) = 3(7 - 2 * 39) = 3(7 - 78) = 3(-71) = -213$

3.2.6 Potenzen mit natürlichen Exponenten

Definition

Gegeben sei eine beliebige ganze Zahl a. Die ganze Zahl x heißt Potenz von a mit dem natürlichen Exponenten n genau dann, wenn

$$x = a * a * a * \ldots * a \text{ (n-mal)}.$$

Merke

Wenn $a < 0$ und n eine gerade natürliche Zahl, dann $a^n > 0$.
Wenn $a < 0$ und n eine ungerade natürliche Zahl, dann $a^n < 0$.

Beispiel:

Ermitteln Sie $(-3)^2$ und $(-3)^3$.

Lösung:

$(-3)^2 = (-3)(-3) = +9$ und $(-3)^3 = (-3)(-3)(-3) = -27$

Binomische Formeln:

Unter einem Binom versteht man eine zweigliedrige algebraische Summe, zum Beispiel **Binom**
$a+b,\ \ a-b,\ \ u-v,\ \ 2x-3y.$

Bei Potenzen von Binomen treten Gesetzmäßigkeiten auf, die es gestatten, das Ergebnis ohne große Rechnungen zu ermitteln.

1. Binomische Formel
Für alle ganzen Zahlen a und b gilt: $(a+b)^2 = a^2 + 2ab + b^2$

2. Binomische Formel
Für alle ganzen Zahlen a und b gilt: $(a-b)^2 = a^2 - 2ab + b^2$

3. Binomische Formel
Für alle ganzen Zahlen a und b gilt: $(a+b)(a-b) = a^2 - b^2$

Beispiel:

Wandeln Sie die folgenden Potenzen bzw. Produkte in Summen um:

a) $(3x+4y)^2$ b) $(2u-7v)^2$ c) $(3a-4b)(3a+4b)$

Lösung:

zu a) $(3x)^2 + 2(3x)(4y) + (4y)^2 = 9x^2 + 24xy + 16y^2$
zu b) $(2u)^2 - 2(2u)(7v) + (7v)^2 = 4u^2 - 28uv + 49v^2$
zu c) $(3a)^2 - (4b)^2 = 9a^2 - 16\,b^2$

Hinweis:

Sie müssen nach einigen Übungen in der Lage sein, ohne langwierige Zwischenrechnungen sofort die Ergebnisse anzugeben. Die zweite Potenz eines Binoms oder das Produkt von zwei Binomen sollten Sie auch ohne schriftliche Arbeit ermitteln können.

Beispiel:

Faktorisieren Sie die folgenden algebraischen Summen:

a) $x^2 + 6x + 9$ b) $y^2 + 8y + 16$
c) $u^2 - 10u + 25$ d) $v^2 - 12v + 36$
e) $x^2 - 25$ f) $a^2 - 81$

Lösungen:

Bei allen sechs Beispielen kann man zur Faktorisierung die binomischen Formeln anwenden.

zu a), b) die binomische Formel $(a+b)^2 = a^2 + 2ab + b^2$
zu c), d) die binomische Formel $(a-b)^2 = a^2 - 2ab + b^2$
zu e), f) die binomische Formel $(a-b)(a+b) = a^2 - b^2$

Berechnung

Man ermittelt zunächst das jeweilige lineare Glied
zu a) $6x$ zu b) $8y$ zu c) $-10u$ zu d) $-12v$

Dieses Glied entspricht in der binomischen Formel $a^2 + 2ab + b^2 = (a + b)^2$ dem Summanden 2ab, so daß
in a) $6 = 2b$ in b) $8 = 2b$ in c) $-10 = 2b$ in d) $-12 = 2b$

Es läßt sich damit b errechnen, so daß die folgenden vollständigen Quadrate entstehen:
zu a) $(x + 3)^2$ zu b) $(y + 4)^2$ zu c) $(u - 5)^2$ zu d) $(v - 6)^2$

Man sollte sicherheitshalber die Probe durchführen.

Bei Anwendung der dritten binomischen Formel ergeben sich die Lösungen für
e) $(x - 5)(x + 5)$ und f) $(a - 9)(a + 9)$

Beispiel:

Ermitteln Sie die folgenden Produkte unter Anwendung der binomischen Formeln und ohne Anwendung eines Taschenrechners.

a) $56 * 56$ b) $98 * 98$ c) $52 * 48$ d) $(3a + 4b)(3a - 4b)$

Lösung:

zu a) $56 * 56 = (50 + 6)^2 = 50^2 + 600 + 6^2 = 2\,500 + 636 = 3\,136$
zu b) $98 * 98 = (100 - 2)(100 - 2) = 100^2 - 400 + 2^2 = 10\,000 - 396 = 9\,604$
zu c) $52 * 48 = (50 + 2)(50 - 2) = 2\,500 - 4 = 2\,496$
zu d) $9a^2 - 16b^2$

Zahlenbereich

Die Menge der ganzen Zahlen, in der die Kleiner-Beziehung, die Addition, die Subtraktion und die Multiplikation erklärt sind, bezeichnet man als den Zahlenbereich der ganzen Zahlen.

3.2.7 Division im Zahlenbereich der ganzen Zahlen

Definition

Gegeben seien die ganzen Zahlen a ($a \neq 0$) und b. Die Zahl x heißt Quotient der ganzen Zahlen b und a ($a \neq 0$) genau dann, wenn

$$a * x = b.$$

Im Zahlenbereich der ganzen Zahlen gibt es nicht zu allen ganzen Zahlen a und b einen Quotienten.

Der Quotient zweier ganzer Zahlen b und a ist nur dann eine ganze Zahl, wenn der Zähler ein ganzzahliges Vielfaches des Nenners ist bzw. der Nenner ist ein Teiler des Zählers.

Wird eine ganze Zahl b durch eine ganze Zahl a dividiert, so entsteht im allgemeinen keine ganze Zahl. Die Division ist in IG eine nicht uneingeschränkt ausführbare Rechenoperation.

Beispiel:

Ermitteln Sie die folgenden Quotienten von ganzen Zahlen:

a) $(-6):(-3)$ b) $(-12):4$ c) $15:(-5)$ d) $28:7$

Lösung:

zu a) 2 zu b) -3 zu c) -3 zu d) 4

Der Quotient zweier ganzer Zahlen ist positiv, wenn Zähler und Nenner gleichzeitig positiv oder gleichzeitig negativ sind. **Merke**

$a:b>0$ genau dann, wenn
$(a>0$ und $b>0)$ oder $(a<0$ und $b<0)$

Der Quotient ist negativ, wenn der Zähler und der Nenner unterschiedliche Vorzeichen besitzen.

$a:b<0$ genau dann, wenn
$(a>0$ und $b<0)$ oder $(a<0$ und $b>0)$

Das Dividieren ist die Umkehrung des Multiplizierens. Bei Nacheinanderausführung heben sie sich auf.

$(a*b):b=a \quad (b\neq 0)$
$(a:b)*b=a \quad (b\neq 0)$

Die folgenden Eigenschaften sind bezüglich der Division im Zahlenbereich der ganzen Zahlen nicht erfüllt. **Eigenschaften**

1. Vollständigkeit
2. Kommutativität
3. Assoziativität
4. Existenz eines neutralen Elementes.
   Die ganze Zahl 1 ist nur ein rechtsneutrales Element, denn $a:1=a$ für alle a.
   $1:a=a$, wenn $a=1$.

Es soll ein Zahlenbereich geschaffen werden, auf dem die Division eine Rechenoperation ist.

Aufgaben zur Selbstüberprüfung:

37. Weisen Sie nach, daß die geordneten Paare (111, 22) und (122, 33) von natürlichen Zahlen differenzengleich sind.

38. Stellen Sie die Summe, die Differenz und das Produkt der gegebenen Differenzen als Differenzen von natürlichen Zahlen dar.

    a) $(2-3) + (6-7)$ b) $(4-2) + (3-6)$ c) $(3-6) + (8-2)$
    d) $(2-3) - (6-7)$ e) $(4-2) - (3-6)$ f) $(3-6) - (8-2)$
    g) $(2-3) * (6-7)$ h) $(4-2) * (3-6)$ i) $(3-6) * (8-2)$

39. Berechnen Sie die folgenden Produkte:

    a) $(-7) * (+9)$ b) $(-8) * (-9)$ c) $(+8) * (-10)$ d) $(+3) * (+5)$

40. Lösen Sie die folgenden Klammern auf:

    a) $2x - 2y(5u - 7v)$ b) $(3x - 7y)(8u + 9v)$ c) $(f - 4)(g + 3)$
    d) $(2x - 3y)^2$ e) $(7u - 9v)(7u + 9v)$

41. Faktorisieren Sie die folgenden Differenzen bzw. Summen:

    a) $6xy + 9xz - 27ux$ b) $15fh + 21fi - 20gh - 28gi$
    c) $4f^2 - 12fg - 9g^2$ d) $4f^2 - 9g^2$ e) $x^2 + x - 30$

42. Ermitteln Sie die folgenden Produkte unter Anwendung der binomischen Formeln und ohne Anwendung eines Taschenrechners:

    a) $104 * 104$ b) $96 * 96$ c) $104 * 96$

43. Berechnen Sie die folgenden Quotienten ganzer Zahlen. Begründen Sie Ihre Ergebnisse.

    a) $(-100) : (-25)$ b) $(+150) : (+15)$ c) $(-75) : (+5)$
    d) $(+36) : (-12)$

3.3 Zahlenbereich der rationalen Zahlen

Praxis

Allein mit den Elementen der Menge der ganzen Zahlen könnten viele Probleme aus Natur, Technik oder Betriebswirtschaft nicht gelöst werden. Beispielsweise werden Grundrisse in Bauzeichnungen häufig im Verhältnis 1 : 100 dargestellt. Das bedeutet, daß 1 cm auf der Bauzeichnung in Wirklichkeit 100 cm bzw. 1 m sind. Der Quotient 1 : 100 ist keine ganze Zahl.

Will ein Unternehmer die Eigenkapitalrentabilität seines Unternehmens in einer bestimmten Periode berechnen, so bildet er den Quotienten aus dem in der Periode erzielten Gewinn und dem eingesetzten Eigenkapital. Dieser Quotient ist im allgemeinen keine ganze Zahl.

3.3.1 Begriff der rationalen Zahl

Definition

> Zwei geordnete Paare von ganzen Zahlen (a, b) und (c, d) heißen zueinander quotientengleich genau dann, wenn
>
> $a * d = c * b.$

Beispiel:

Schreiben Sie die Zahlen x in den folgenden Gleichungen als Quotienten.

1. a)	$1x = 2,$	b)	$2x = 4,$	c)	$3x = 6,$
d)	$(-1)x = -2,$	e)	$(-2)x = -4,$	f)	$(-3)x = -6,$
2. a)	$(-1)x = 2,$	b)	$(-2)x = 4,$	c)	$(-3)x = 6,$
d)	$1x = -2,$	e)	$2x = -4,$	f)	$3x = -6,$
3. a)	$2x = 1,$	b)	$4x = 2,$	c)	$6x = 3,$
d)	$-2x = -1,$	e)	$-4x = -2,$	f)	$-6x = -3,$
4. a)	$-2x = 1,$	b)	$-4x = 2,$	c)	$-6x = 3,$
d)	$2x = -1,$	e)	$4x = -2,$	f)	$6x = -3.$

Lösung:

zu 1:	a) $x = 2 : 1,$	b) $x = 4 : 2,$	c) $x = 6 : 3,$
	d) $x = (-2) : (-1),$	e) $x = (-4) : (-2),$	f) $x = (-6) : (-3),$
zu 2:	a) $x = 2 : (-1),$	b) $x = 4 : (-2),$	c) $x = 6 : (-3),$
	d) $x = (-2) : 1,$	e) $x = (-4) : 2,$	f) $x = (-6) : 3,$
zu 3:	a) $x = 1 : 2,$	b) $x = 2 : 4,$	c) $x = 3 : 6,$
	d) $x = (-1) : (-2),$	e) $x = (-2) : (-4),$	f) $x = (-3) : (-6),$
zu 4:	a) $x = 1 : (-2),$	b) $x = 2 : (-4),$	c) $x = 3 : (-6),$
	d) $x = (-1) : 2,$	e) $x = (-2) : 4,$	f) $x = (-3) : 6.$

Die geordneten Paare in den Beispielen 1, 2, 3 und 4 sind jeweils quotientengleich zueinander.

Beispiel:

Weisen Sie nach, daß die folgenden Quotienten gleich sind:

1) $4 : 2 = 6 : 3,$ 2) $(-4) : 2 = 2 : (-1),$ 3) $3 : 6 = (-2) : (-4),$
4) $3 : (-6) = (-2) : 4.$

Lösung:

zu 1) $4 * 3 = 6 * 2,$ zu 2) $(-4) * (-1) = 2 * 2,$ zu 3) $3(-4) = (-2)6,$
zu 4) $3 * 4 = (-2)(-6).$

Alle zueinander quotientengleichen Paare von ganzen Zahlen kann man zu einer Menge zusammenfassen.

Beispiel:

zu 1: {2 : 1, 4 : 2, 6 : 3, 8 : 4, …, (–2) : (– 1), (– 4) : (– 2), …}
zu 2: {(– 2) : 1, (– 4) : 2, (– 6) : 3, …, 2 : (– 1), 4 : (– 2), …}
zu 3: {1 : 2, 2 : 4, 3 : 6, 4 : 8, …, (– 1) : (– 2), (– 2) : (– 4), …}
zu 4: {1 : (– 2), 2 : (– 4), 3 : (– 6), …, (– 1) : 2, (– 2) : 4, …}

Auswahl

Als Repräsentanten für eine Menge zueinander quotientengleicher Paare von ganzen Zahlen wählt man zweckmäßigerweise das Paar, in dem Zähler und Nenner keinen gemeinsamen Teiler besitzen. Außerdem sollte der Nenner stets eine positive ganze Zahl sein.

Auswahl von Repräsentanten:

Beispiel zu 1: 2 : 1
Beispiel zu 2: (–2) : 1 bzw. – 2 : 1
Beispiel zu 3: 1 : 2
Beispiel zu 4: (– 1) : 2 bzw. – 1 : 2

Definition

> Eine Menge von zueinander quotientengleichen Paaren ganzer Zahlen bezeichnet man als rationale Zahl.

Jede rationale Zahl läßt sich somit als Quotient p : q zweier ganzer Zahlen darstellen, wobei $q \neq 0$ gefordert werden muß. Eine rationale Zahl ist positiv, wenn Zähler und Nenner gleiche Vorzeichen besitzen. Sind die Vorzeichen von Zähler und Nenner unterschiedlich, so ist die rationale Zahl negativ.

Koordinatenkreuz

Zur Darstellung von rationalen Zahlen auf der Zahlengeraden benötigt man ein sogenanntes Koordinatenkreuz, in dem auf der waagerechten Achse die ganzen Zahlen und auf der senkrechten Achse ebenfalls ganze Zahlen dargestellt sind. Die Einheitsstrecke OE muß für beide Koordinatenachsen einheitlich gewählt sein (vergleiche Abbildung 13).

Bei der Darstellung eines Quotienten a : b wird der ganzen Zahl a ein Punkt A auf der waagerechten Achse und der ganzen Zahl b ein Punkt B auf der senkrechten Achse zugeordnet. Die beiden Punkte legen eindeutig eine Gerade fest. In Abbildung 13 wurden alle Geraden zu Beispiel 3 gezeichnet. Es ist ersichtlich, daß alle Geraden, die zu Beispiel 3 gezeichnet werden, parallel zueinander verlaufen und im ersten und dritten Quadranten liegen. Alle Geraden zu Beispiel 4 liegen parallel zueinander und verlaufen im zweiten und vierten Quadranten.

Alle Quotienten von ganzen Zahlen, die bei Darstellung in dem beschriebenen Koordinatensystem zueinander parallele Geraden erzeugen, nennt man zueinander quotientengleich. Allen zueinander quotientengleichen Paaren von ganzen Zahlen a und b kann man genau einem Punkt P auf der waagerechten Zahlengerade zuordnen, indem man durch den Punkt E (ganze Zahl 1) auf der senkrechten Achse die zur Gerade AB parallele Gerade zeichnet.

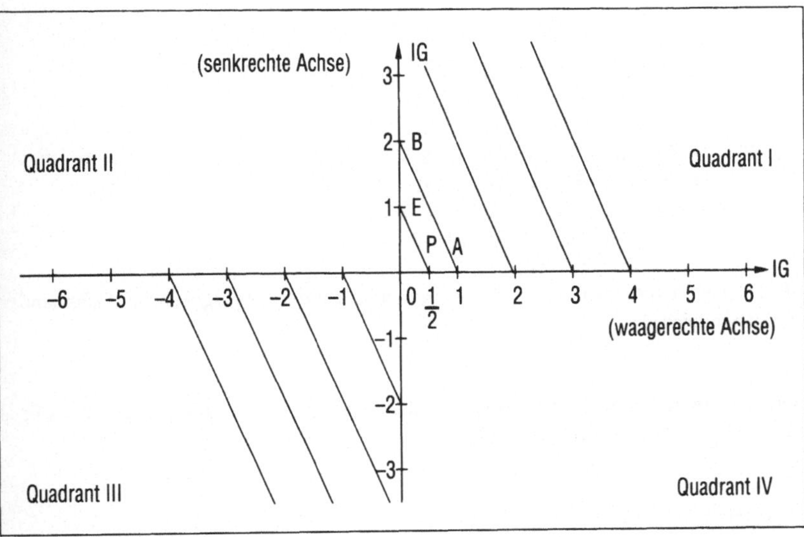

Abbildung 13: Zueinander quotientengleiche Paare von ganzen Zahlen auf einer Zahlengeraden

Hinweise:

> Einen Quotienten, in dem der Zähler kleiner ist als der Nenner, bezeichnet man als echten Bruch.
> Beispiele: 4 : 5, 5 : 6, 7 : 8
>
> Einen Quotienten, in dem der Zähler größer ist als der Nenner, bezeichnet man als unechten Bruch.
> Beispiele: 9 : 8, 12 : 5, 112 : 3
>
> Brüche mit dem Zähler 1 bezeichnt man als Stammbrüche, zum Beispiel 1 : 2, 1 : 3, 1 : 4, 1 : 5, ...

Stammbruch

Formänderungen von Brüchen:

Erweitern

Erweitern eines Bruches heißt, Zähler und Nenner mit derselben Zahl multiplizieren.

Kürzen

Kürzen eines Bruches ist die Umkehrung zum Erweitern. Wenn Zähler und Nenner einen gemeinsamen Teiler haben, dann kürzt man den Bruch durch einen gemeinsamen Teiler, indem man Zähler und Nenner durch diesen gemeinsamen Teiler dividiert.

Beispiel:

a) Erweitern Sie den Bruch 4 : 5 mit den ganzen Zahlen 2, 4, – 5.
b) Kürzen Sie den Bruch 100 : 50 durch 2, 5, 10.
c) Kürzen Sie den Bruch 100 : 50 derart, daß Zähler und Nenner teilerfremd sind.

Lösung:

zu a) $4 : 5 = (4 * 2) : (5 * 2) = 8 : 10$
$4 : 5 = (4 * 4) : (5 * 4) = 16 : 20$
$4 : 5 = (4 * (-5)) : (5 * (-5)) = (-20) : (-25)$
zu b) $100 : 50 = (100 : 2) : (50 : 2) = 50 : 25$
$100 : 50 = (100 : 5) : (50 : 5) = 20 : 10$
$100 : 50 = (100 : 10) : (50 : 10) = 10 : 5$
zu c) $100 : 50 = (100 : 5) : (50 : 5) = 20 : 10 = 2 : 1$

Alle Brüche, die durch Kürzen und Erweitern auseinander hervorgehen, sind zueinander quotientengleich.

Merke **Erweitern und Kürzen stellen nur Formänderungen, keine Wertänderungen eines Bruches dar (quotientengleiche Brüche).**

Beispiel:

Erweitern Sie die folgenden Quotienten auf die gegebenen Nenner:

a) $\frac{3u}{v-4}$ auf den Nenner $v^2 - 8v + 16$

b) $\frac{2u-3}{2u+3}$ auf den Nenner $4u^2 + 12u + 9$

c) $\frac{3x-7}{2x+5}$ auf den Nenner $4x^2 - 25$

Lösung:

zu a) $\frac{3u(v-4)}{(v-4)^2}$ zu b) $\frac{(2u-3)(2u+3)}{(2u+3)^2}$ zu c) $\frac{(3x-7)(2x-5)}{(2x+5)(2x-5)}$

Beispiel:

Kürzen Sie die folgenden Quotienten:

a) $\frac{12a^2 + 48ab + 48b^2}{20a + 40b}$ b) $\frac{u^2 - 1}{u^2 - u}$ c) $\frac{u^2 - 6u - 7}{u^2 - 4u - 21}$

Lösung:

zu a) $\frac{12(a+2b)^2}{20(a+2b)} = \frac{4(a+2b)}{5}$ zu b) $\frac{(u+1)(u-1)}{u(u-1)} = \frac{(u+1)}{u}$

zu c) $\frac{(u-7)(u+1)}{(u-7)(u+3)} = \frac{(u+1)}{(u+3)}$

Der Menge aller quotientengleichen Paare, die als Repräsentanten einen Quotienten „g : 1" mit dem Nenner „1" enthält, ordnet man die ganze Zahl g zu.

Die Menge der ganzen Zahlen ist somit eine Teilmenge der Menge der rationalen Zahlen,

$\mathbb{Z} \subseteq \mathbb{Q}$.

Die Menge der nicht negativen rationalen Zahlen bezeichnet man als Menge der gebrochenen Zahlen. Es gilt somit

Gebrochene Zahlen

$\mathbb{Q}_0^* \subseteq \mathbb{Q}$.

3.3.2 Kleiner-Relation in IQ

Definition

Gegeben seien die rationalen Zahlen r und s. Der Quotient r1 : r2 sei ein Repräsentant von r, und s1 : s2 sei ein Repräsentant von s.

$r1 : r2 < s1 : s2$ genau dann, wenn $r1 * s2 < s1 * r2$.

Beispiel:

Entscheiden Sie, ob die folgenden Aussagen wahr oder falsch sind:

a) $-2 : 3 < 5 : (-4)$ b) $-3 : 4 < 5 : 6$ c) $35 : 15 < 5 : 2$

Lösung:

zu a) wahr, denn $(-2)(-4) < 5 * 3$
zu b) wahr, denn $(-3)6 < 5 * 4$
zu c) falsch, denn $35 * 2 \neq 5 * 15$

3.3.3 Addition auf IQ

Definition

Gegeben seien die rationalen Zahlen r und s. Der Quotient r1 : r2 sei ein Repräsentant von r, und der Quotient s1 : s2 sei ein Repräsentant von s.

Die rationale Zahl x heißt Summe von r und s genau dann, wenn

$(r1 * s2 + s1 * r2) : (r2 * s2)$

ein Repräsentant von x ist.

$(r1 : r2) + (s1 : s2) = (r1 * s2 + s1 * r2) : (r2 * s2)$

Beispiel:

Ermitteln Sie die Summe der Quotienten 2 : 3 und 7 : 8.

Lösung:

2 : 3 + 7 : 8 = (2 * 8 + 7 * 3) : 24 = (16 + 21) : 24 = 37 : 24

Berechnung

Die beschriebene Vorgehensweise zur Ermittlung der Summe zweier Quotienten ist nur dann sinnvoll, wenn die Nenner keine gemeinsamen Teiler besitzen.

Ermittlung der Summe zweier Quotienten, in denen die Nenner gemeinsame Teiler besitzen:

Beispiel:

Errechnen Sie die Summe der Quotienten 5 : 18 und 7 : 30.

Lösung:

1. Bestimmung des kleinsten gemeinsamen Vielfachen der beiden Nenner

18	=	2	*	3	*	3				5	Erweiterungsfaktor des 1. Bruches
30	=	2	*	3			*	5		3	Erweiterungsfaktor des 2. Bruches
k. g. V. :		2	*	3	*	3	*	5	=	90	

2. Bestimmung der Erweiterungsfaktoren für beide Brüche

   Den Erweiterungsfaktor für einen Bruch erhält man, indem man das kleinste gemeinsame Vielfache beider Brüche durch den Nenner dieses Bruches dividiert.

   Im Beispiel muß man rechnen 90 : 18 = 5 und 90 : 30 = 3.

3. Erweiterung jedes Bruches mit seinem Erweiterungsfaktor.

   Im Beispiel (5 * 5) : (18 * 5) + (7 * 3) : (30 * 3) =
   25 : 90 + 21 : 90

4. Gleichnamige Brüche (Brüche mit gleichen Nennern) werden addiert, indem man ihre Zähler addiert.

   (25 + 21) : 90 = 46 : 90

5. Wenn Zähler und Nenner nicht teilerfremd sind, dann sollte man den Bruch durch alle gemeinsamen Teiler kürzen.

   Ergebnis der Beispielaufgabe:

   5 : 18 + 7 : 30 = 46 : 90 = 23 : 45.

Eigenschaften der Addition auf IQ: Eigenschaften

1. Vollständigkeit
   Zu allen rationalen Zahlen a und b gibt es genau eine rationale Zahl x, so daß x = a + b. Die Addition ist somit auf der Menge der rationalen Zahlen eine Rechenoperation.

2. Kommutativität
   Für alle rationalen Zahlen a und b gilt: a + b = b + a

3. Assoziativgesetz
   Für alle rationalen Zahlen a, b, c gilt: (a + b) + c = a + (b + c)

4. Existenz des neutralen Elementes
   Es gibt eine rationale Zahl n (n = 0), so daß für alle rationalen Zahlen a gilt:
   n + a = a und a + n = a

3.3.4 Subtraktion auf IQ

Definition

> Gegeben seien die rationalen Zahlen r und s. Die Zahl x heißt Differenz der rationalen Zahlen r und s genau dann, wenn s + x = r.

Berechnung der Differenz der rationalen Zahlen r und s:

r 1 : r2 sei ein beliebiger Repräsentant von r, r1∈ IG, r2∈ IG, r2 ≠ 0
s1 : s2 sei ein beliebiger Repräsentant von s, s1∈ IG, s2∈ IG, s2 ≠ 0
x1 : x2 sei ein beliebiger Repräsentant von x, wobei gilt

$$\begin{aligned} (s1 : s2) + (x1 : x2) &= r1 : r2 \\ x1 : x2 &= (r1 : r2) - (s1 : s2) \\ x1 : x2 &= (r1 * s2 - s1 * r2) : (r2 * s2). \end{aligned}$$

Da sich x als Quotient zweier ganzer Zahlen darstellen läßt, ist x eine rationale Zahl.

Beispiel:

Bilden Sie die Differenzen der folgenden rationalen Zahlen:

a) 3 : 5 – 4 : 7   b) 2 : 3 – 5 : 4

Lösung:

zu a) (3 * 7 – 4 * 5) : (7 * 5) = 1 : 35   zu b) (2 * 4 – 5 * 3) : 3 * 4 = – 7 : 12

Die Subtraktion von rationalen Zahlen ist die Umkehrung der Addition von rationalen Zahlen. Bei Nacheinanderausführung heben sich somit ihre Wirkungen auf. Umkehrung

Enthalten die Nenner unterschiedlicher rationaler Zahlen gemeinsame Teiler, so sollte analog der Vorgehensweise bei der Addition vor der Differenzbildung der Hauptnenner gebildet werden.

Beispiel:

Ermitteln Sie die folgenden Differenzen von rationalen Zahlen:

5 : 18 – 2 : 15 – 3 : 70

Lösung:

1. Schritt:
Ermittlung des Hauptnenners und der Erweiterungsfaktoren

														Erweiterungsfaktoren
18	=	2	*	3	*	3							35	
15	=					3	*	5					42	
70	=	2	*					5	*	7			9	
k. g. V.	=	2	*	3	*	3	*	5	*	7	=	630		Hauptnenner

2. Schritt:
Erweiterung der einzelnen Brüche mit dem jeweiligen Erweiterungsfaktor

(5 * 35) : (18 * 35) – (2 * 42) : (15 * 42) – (3 * 9) : (70 * 9)
175 : 630 – 84 : 630 – 27 : 630

3. Schritt
Subtraktion gleichnamiger Brüche, indem man die Differenz der Zähler bildet

(175 – 84 – 27) : 630 = 64 : 630

4. Schritt:
Kürzen, wenn Zähler und Nenner nicht teilerfremd sind

64 : 630 = 32 : 315

Eigenschaften

Eigenschaften der Subtraktion auf IQ:

1. Vollständigkeit
Zu allen rationalen Zahlen r und s gibt es genau eine rationale Zahl x, so daß x = r – s. Somit ist die Subtraktion auf der Menge der rationalen Zahlen eine Rechenoperation.

2. Kommutativität gilt nicht!
Da die Menge der ganzen Zahlen eine Teilmenge der Menge der rationalen Zahlen ist und das Kommutativgesetz für die Subtraktion in IG nicht erfüllt ist, kann es auch in IQ nicht gelten.

3. Assoziativgesetz gilt nicht!
Vergleiche die Begründung dafür, daß das Kommutativgesetz nicht gilt.

4. Es existiert kein neutrales Element!
Auch in IQ gibt es nur ein rechtsneutrales Element der Subtraktion. Es gilt nämlich für alle rationalen Zahlen $r \neq 0$:

$$r - 0 = r \text{ und } 0 - r \neq r$$

Die Regeln für die Addition und Subtraktion von algebraischen Summen sind auch in der Menge der rationalen Zahlen erfüllt.

Muß man Quotienten addieren, in denen die Nenner algebraische Summen sind, so sollte man die Nenner zunächst faktorisieren, um den Hauptnenner bestimmen zu können. **Berechnung**

Beispiel:

Berechnen Sie den Term:

$$\frac{1}{x^2+6x+9} - \frac{3x}{x^2-6x+9} - \frac{x}{x^2-9}$$

Lösung:

			Erweiterungsfaktoren:
x^2+6x+9	$=$	$(x+3)^2$	$(x-3)^2$
x^2-6x+9	$=$	$(x-3)^2$	$(x+3)^2$
x^2-9	$=$	$(x+3)\ (x-3)$	$(x+3)(x-3)$
		$(x+3)^2\ (x-3)^2$	

$$\frac{(x-3)^2 - 3x(x+3)^2 + x(x^2-9)}{(x+3)^2(x-3)^2} = \frac{x^2-6x+9-3x\,(x^2+6x+9)-x^3+9x}{(x+3)^2(x-3)^2} =$$

$$\frac{-4x^3-17x^2-24\,x+9}{(x+3)^2(x-3)^2}$$

3.3.5 Multiplikation auf IQ

Definition

> Gegeben seien die rationalen Zahlen r und s. Der Quotient r1 : r2 sei ein beliebiger Repräsentant von r und der Quotient s1 : s2 sei ein beliebiger Repräsentant von s. Die rationale Zahl x heißt Produkt von r und s genau dann, wenn
>
> (r1 * s1) : (r2 * s2)
>
> ein Repräsentant von x ist.

Zwei Quotienten werden demzufolge miteinander multipliziert, indem man den Quotienten aus dem Produkt der Zähler und dem Produkt der Nenner bildet.

Beispiel

Berechnen Sie die Produkte der folgenden Quotienten:

a) (–2 : 5) * (7 : 3)   b) (3 : 7) * (5 : 2)   c) (– 7 : 2) * (– 3 : 5)

Lösung:

zu a) $(-2 * 7) : (5 * 3) = -14 : 15$ zu b) $(3 * 5) : (7 * 2) = 15 : 14$
zu c) $((-7) * (-3)) : (2 * 5) = 21 : 10$

Für die Multiplikation von rationalen Zahlen gelten die gleichen Vorzeichenregeln wie für die Multiplikation von ganzen Zahlen.

Eigenschaften

Eigenschaften der Multiplikation von rationalen Zahlen:

1. Abgeschlossenheit ist erfüllt.
   Die Multiplikation ist auf der Menge der rationalen Zahlen eine Rechenoperation.

2. Das Kommutativgesetz ist erfüllt.

3. Das Assoziativgesetz ist erfüllt.

4. Das neutrale Element der Multiplikation ist die rationale Zahl 1.

5. Das Distributivgesetz ist erfüllt.

Beispiel:

Berechnen Sie die folgenden Produkte:

a) $(\frac{2}{3} qr + \frac{3}{4} ps) * (\frac{1}{2} u - \frac{2}{5} v)$

b) $\frac{x^2 - 4x + 4}{x^2 - 4} * \frac{x^2 + 6x + 9}{x^2 + x - 6}$

Lösung:

a) $\frac{2}{6} qru - \frac{4}{15} qrv + \frac{3}{8} psu - \frac{6}{20} psv =$

$\frac{1}{3} qru - \frac{4}{15} qrv + \frac{3}{8} psu - \frac{3}{10} psv$

b) $\frac{(x-2)^2}{(x-2)(x+2)} * \frac{(x+3)^2}{(x-2)(x+3)} = \frac{x+3}{x+2}$

3.3.6 Division auf IQ

Definition

> Gegeben seien die rationalen Zahlen r und s ($s \neq 0$). Die Zahl x heißt Quotient der rationalen Zahlen r und s genau dann, wenn
>
> $s * x = r.$

Berechnung des Quotienten zweier rationaler Zahlen:

r1 : r2 sei ein beliebiger Repräsentant von r,
s1 : s2 sei ein beliebiger Repräsentant von s,
x1 : x2 sei ein Repräsentant von x.

$$(s1 : s2) * (x1 : x2) = r1 : r2$$
$$x1 : x2 = (r1 : r2) : (s1 : s2)$$
$$x1 : x2 = (r1 * s2) : (r2 * s1)$$

Beispiel:

Dividieren Sie die folgenden Quotienten:

a) (a : 3) : (7 : b) b) (54a : 7b) : (3c : 5d) c) (27uv : 4) : (2v : 3u)

Lösung:

zu a) ab : 21 zu b) 270ad : 21bc zu c) $84u^2$ v: 8v

Eigenschaften

Eigenschaften der Division auf IQ:

1. Vollständigkeit
   Für alle rationalen Zahlen $r \neq 0$ und für alle rationalen Zahlen s gibt es genau eine rationale Zahl x, so daß

   $r * x = s.$

   Die Division ist somit auf der Menge der rationalen Zahlen eine Rechenoperation.

2. Das Kommutativgesetz gilt nicht!

3. Das Assoziativgesetz gilt nicht!

4. Es gibt kein neutrales Element bezüglich der Division.
   Die rationale Zahl 1 ist ein rechtsneutrales Element bezüglich der Division, denn für alle rationalen Zahlen r gilt

   $r : 1 = r.$

   Für alle rationalen Zahlen gilt: $1 : r \neq r$.

Berechnung

Division von algebraischen Summen

Eine algebraische Summe wird durch einen eingliedrigen Term dividiert, indem jedes Glied der Summe durch den eingliedrigen Term dividiert wird.

$(a + b - c) : n = a : n + b : n - c : n$

Beispiel:

Wandeln Sie die folgenden Quotienten in Summen um:

a) $(5ab - 5ac - 5ad) : 5a$ b) $(12au - 24bu + 36cu) : (-12u)$

Lösung:

zu a) $b - c - d$ zu b) $-a + 2b - 3c$

Merke

In Summen oder Differenzen darf nie gekürzt werden.

$(6 + 18) : 4 = 6 : 4 + 18 : 4 = 3 : 2 + 9 : 2$ oder
$(6 - 18) : 4 = 2(3 - 9) : 4 = (3 - 9) : 2.$

Eine algebraische Summe wird durch eine algebraische Summe dividiert, indem man versucht, Zähler und Nenner zu faktorisieren, so daß man durch einen gemeinsamen Term dividieren kann.

$(6 + 18) : (2 + 4) = 2(3 + 9) : 2(1 + 2) = (3 + 9) : (1 + 2) = 12 : 3 = 4$

Beispiel:

Vereinfachen Sie die folgenden Quotienten so weit wie möglich:

a) $(35xz - 45yz) : (7x - 9y)$ b) $(mp + np + mq + nq) : (m + n)$
c) $(3x^2 - 6x + 3) : (2x^2 - 2)$

Lösung:

zu a) $(5z(7x - 9y)) : (7x - 9y) = 5z$
zu b) $((m + n)p + (m + n)q) : (m + n) = ((m + n)(p + q)) : (m + n) = p + q$
zu c) $3(x^2 - 2x + 1) : 2(x^2 - 1) = 3(x - 1)^2 : 2(x + 1)(x - 1) = 3(x - 1)(x - 1) : 2(x + 1)(x - 1)$
$= 3(x - 1) : 2(x + 1)$

Partialbruch-zerlegung

Bei der Division einer algebraischen Summe durch eine algebraische Summe benutzt man die sogenannte Partialbruchzerlegung.

Beispiel:

Vereinfachen Sie den folgenden Quotienten so weit wie möglich:

$(49u^2 - 25y^2 - 9v^2 - 30vy) : (5y + 7u + 3v)$

Lösung:

1. Schritt:
Zähler und Nenner müssen nach gleichen Gesichtspunkten geordnet werden. Die einzelnen Glieder werden in alphabetischer Reihenfolge und nach fallenden Potenzen geordnet.

$(49u^2 - 9v^2 - 30vy - 25y^2) : (7u + 3v + 5y)$

2. Schritt:
Das erste Glied des Zählers wird durch das erste Glied des Nenners dividiert. Der entstandene Quotient wird hinter das Gleichheitszeichen geschrieben.

$(49u^2 - 9v^2 - 30vy - 25y^2) : (7u + 3v + 5y) = 7u$

3. Schritt:
Der entstandene Quotient wird mit dem Nenner multipliziert. Das entstandene Produkt wird geordnet unter den Zähler geschrieben.

$$\begin{array}{l} (49u^2 - 9v^2 - 30vy - 25y^2) : (7u + 3v + 5y) = 7u \\ (49u^2 \qquad\qquad\qquad + 21uv + 35uy) \end{array}$$

4. Schritt:
Das entstandene Produkt wird vom Zähler subtrahiert. Es entsteht ein Rest.

$$\begin{array}{ll} (49u^2 - 9v^2 - 30vy - 25y^2) : (7u + 3v + 5y) = 7u & \\ - \ (49u^2 \qquad\qquad\qquad + 21uv + 35uy) & \\ \hline -9v^2 - 30vy - 25y^2 - 21uv - 35uy & \text{Rest} \end{array}$$

5. Schritt:
Mit dem Rest werden die Schritte 1 bis 4 so lange wiederholt, bis der Rest 0 ist. Bei etwas Übung kann man auf das Ordnen verzichten.

$$\begin{array}{ll} (49u^2 - 9v^2 - 30vy - 25y^2) : (7u + 3v + 5y) = 7u - 3v - 5y & \\ - \ (49u^2 \qquad\qquad\qquad + 21uv + 35uy) & \\ \hline -9v^2 - 30vy - 25y^2 - 21uv - 35uy & \text{Rest} \end{array}$$

Ordnen analog zum ersten Schritt.

$$\begin{array}{ll} -21\,uv - 35\,uy - 9v^2 - 30\,vy - 25\,y^2 & \\ -(-21\,uv \qquad\quad - 9v^2 - 15\,vy) & \\ \hline -35uy \qquad - 15\,vy - 25\,y^2 & \text{Rest} \\ -(-35uy \qquad - 15\,vy - 25\,y^2) & \\ \hline 0 & \text{Rest} \end{array}$$

3.3.7 Potenzieren mit natürlichen Exponenten

Analog der Vorgehensweise in der Menge der ganzen Zahlen wird das Potenzieren mit natürlichen Exponenten zurückgeführt auf die Multiplikation von rationalen Zahlen mit gleichen Faktoren.

Somit gilt:

$$(p:q) \;=\; p:q$$
$$(p:q)^2 \;=\; (p:q)(p:q) = p^2 : q^2$$

$$(p:q)^{n+1} \;=\; (p:q)^n(p:q) = (p^n : q^n)(p:q) = p^{n+1} : q^{n+1}$$

Da das Potenzieren von rationalen Zahlen auf das Multiplizieren von rationalen Zahlen zurückgeführt wird, gilt folgende Regel:

Potenzieren

Ein Quotient wird mit einer natürlichen Zahl potenziert, indem man den Zähler und den Nenner mit der natürlichen Zahl potenziert.

Beispiel:

Potenzieren Sie die folgenden Quotienten:

a) $(2:3)^2$ b) $(x:y)^4$ c) $((3x^2yz^2):(2uv))^2$
d) $((x+2):(x-1))^2$

Lösung:

zu a) $2^2 : 3^2 = 4:9$
zu b) $x^4 : y^4$
zu c) $(3x^2yz^2)^2 : (2uv)^2 = (9x^4y^2z^4) : (4u^2v^2)$
zu d) $(x+2)^2 : (x-1)^2 = (x^2+4x+4) : (x^2-2x+1)$

Eigenschaften

Eigenschaften des Potenzierens mit natürlichen Exponenten:

1. Vollständigkeit ist erfüllt.
   Somit ist das Potenzieren eine Rechenoperation auf IQ.

2. Kommutativität ist nicht erfüllt!

3. Assoziativität ist nicht erfüllt!

4. Es existiert kein neutrales Element; 1 ist ein rechtsneutrales Element des Potenzierens auf IQ.

Die Menge der rationalen Zahlen, auf der eine Kleiner-Relation und die Rechenoperationen Addition, Subtraktion, Multiplikation, Division und Potenzieren erklärt sind, bezeichnet man als Zahlenbereich der rationalen Zahlen.

3.3.8 Rechenoperationen, die im Bereich der rationalen Zahlen nicht uneingeschränkt ausführbar sind

Definition

Gegeben seien die natürliche Zahl $n \in \mathbb{N}^*$ und die nichtnegative rationale Zahl b. Die Zahl x heißt n-te Wurzel aus b genau dann, wenn

$$x^n = b.$$

Für die nichtnegative rationale Zahl b = 2 gibt es keine rationale Zahl x, so daß

$$x^2 = 2.$$

Das Radizieren ist somit eine in $\mathbb{Q}$ nicht uneingeschränkt ausführbare Rechenoperation.

Beispiel:

Lösen Sie die folgenden Gleichungen. Begründen Sie die Ergebnisse.

a) $x^2 = 4 : 9$ b) $x^2 = 16 : 25$ c) $x^3 = 27 : 64$

Lösung:

zu a) $x = 2 : 3$, denn $(2 : 3)^2 = 4 : 9$
zu b) $x = 4 : 5$, denn $(4 : 5)^2 = 16 : 25$
zu c) $x = 3 : 4$, denn $(3 : 4)^3 = 27 : 64$

Definition

Gegeben sei die positive rationale Zahl b, wobei $b \neq 1$ und die positive rationale Zahl a. Die Zahl x heißt Logarithmus von a zur Basis b genau dann, wenn

$$b^x = a.$$

Logarithmieren

Für die positive rationale Zahl b = 2 und die positive rationale Zahl a = 3 gibt es keine rationale Zahl x, so daß

$$2^x = 3.$$

Das Logarithmieren ist somit eine in $\mathbb{Q}$ nicht uneingeschränkt ausführbare Rechenoperation.

Beispiel:

Lösen Sie die folgenden Gleichungen. Begründen Sie die Ergebnisse.

a) $(2 : 3)^x = 16 : 81$ b) $(4 : 5)^x = 16 : 25$

Lösung:

zu a) $x = 4$, denn $(2 : 3)^4 = 2^4 : 3^4 = 16 : 81$
zu b) $x = 2$, denn $(4 : 5)^2 = 16 : 25$

Da das Radizieren und das Logarithmieren im Zahlenbereich der rationalen Zahlen nicht uneingeschränkt ausführbar sind, ergibt sich die Notwendigkeit einer erneuten Zahlenbereichserweiterung.

Zahlenbereich erweitern

Stellt man die rationalen Zahlen auf einer Zahlengeraden dar, so stellt man fest, daß zwischen zwei beliebigen rationalen Zahlen r und s stets eine rationale Zahl liegt, zum Beispiel (r + s) : 2. Andererseits gibt es aber auf der Zahlengeraden Lücken. Die Hypotenuse OP im rechtwinkligen Dreieck OEP berechnet sich aus der Gleichung $OP^2 = OE^2 + EP^2$. Sind OE und EP Strecken der Länge 1, so gilt $x^2 = 1^2 + 1^2$, das heißt, $x^2 = 2$. Dem Punkt Q auf der Zahlengeraden kann man keine rationale Zahl zuordnen (siehe Abbildung 14).

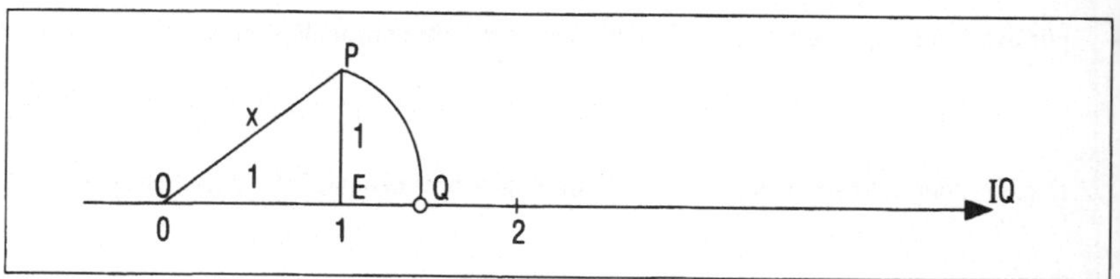

Abbildung 14: Lücken auf der Zahlengeraden, auf der die rationalen Zahlen abgebildet sind

3.3.9 Darstellung von rationalen Zahlen als unendliche periodische Dezimalbrüche

Endliche Dezimalbrüche sind Brüche, deren Nenner Potenzen von 10 sind, zum Beispiel 1 : 10, 1 : 100, 3 : 10, 3 : 100.

Diese endlichen Dezimalbrüche schreibt man folgendermaßen: 1 : 10 = 0,1;
1 : 100 = 0,01; 3 : 10 = 0,3; 3 : 100 = 0,03.

Jeder endliche Dezimalbruch kann dargestellt werden als ein unendlicher periodischer Dezimalbruch mit 0-Periode.

0,1 = 0,1000 …; 0,01 = 0,01000 …; 0,03 = 0,03000 …

Beispiel:

Schreiben Sie die folgenden Quotienten als Dezimalbrüche:

a) 5 : 1000 b) – 5 : 10000 c) – 45678 : 1000 d) 56789 : 100

Lösung:

zu a) 0,005 zu b) – 0,0005 zu c) – 45,678 zu d) 567,89

Beispiel:

Wandeln Sie die folgenden Quotienten in endliche oder unendliche periodische Dezimalbrüche um. Geben Sie die Perioden an.

a) 3 : 4 b) 1 : 3 c) 2 : 7 d) 7 : 12

Lösung:

zu a) 3 : 4 = 0,75 Der Bruch 3 : 4 ist ein endlicher Dezimalbruch
0 3 : 4 = 75 : 100,
30 Rest 3 bzw. ein unendlicher periodischer Dezimalbruch
28 mit 0-Periode
20 Rest 2
20
0 Rest 0

zu b) 1 : 3 = 0,33… Periode 3
0
10 Rest 1
9
10 Rest 1
…

zu c) 2 : 7 = 0,285714 285714 … Periode 285714
0
20 Rest 2
14
60 Rest 6
…

Unendliche Dezimalbrüche

Gegebene unendliche periodische Dezimalbrüche lassen sich stets in Quotienten verwandeln. Den durchzuführenden Algorithmus lernen Sie später kennen. Unendliche periodische Dezimalbrüche mit der Periode 9 werden nicht betrachtet. Der unendliche Dezimalbruch 1,9999 … ist beispielsweise identisch mit dem unendlichen periodischen Dezimalbruch 2,0000 …

Mit unendlichen periodischen Dezimalbrüchen, die keine Nullperiode besitzen, kann man nur rechnen, wenn man endliche Näherungswerte bildet. Ausgehend von den Anforderungen der Praxis ist eine Fehlerrechnung notwendig, die aber nicht Gegenstand dieses Abschnittes ist.

Der unendliche periodische Dezimalbruch 0,285714 285714 … kann folgendermaßen durch endliche Dezimalbrüche angenähert werden:

0	<	0,285714285714 …	<	1
0,2	<	0,285714285714 …	<	0,3
0,28	<	0,285714285714 …	<	0,29
0,285	<	0,285714285714 …	<	0,286
0,2857	<	0,285714285714 …	<	0,2858
0,28571	<	0,285714285714 …	<	0,28572
0,285714	<	0,285714285714 …	<	0,285715
…		…		…

3.4 Menge der reellen Zahlen

Will man den radioaktiven Zerfall von Atomkernen oder das Wachstum von Pflanzen mit mathematischen Modellen widerspiegeln, so benötigt man unendliche Dezimalbrüche, die keine Periode besitzen.

Definition

> Eine Zahl x heißt reelle Zahl genau dann, wenn x als unendlicher Dezimalbruch ohne Neunerperiode dargestellt werden kann.

Die Zahl x, für die gilt: $x^2 = 2$, ist ein unendlicher Dezimalbruch, aber kein unendlicher periodischer Dezimalbruch.

Für x gilt:

$$
\begin{array}{lllll}
1{,}4 < x < 1{,}5 \,, & \text{denn} & 1{,}4^2 & < x^2 < & 1{,}5^2 \\
 & & 1{,}96 & < 2 < & 2{,}25 \\
1{,}41 < x < 1{,}42 \,, & \text{denn} & 1{,}41^2 & < x^2 < & 1{,}42^2 \\
 & & 1{,}9881 & < 2 < & 2{,}0164 \\
1{,}414 < x < 1{,}415 \,, & \text{denn} & 1{,}414^2 & < x^2 < & 1{,}415^2 \\
 & & 1{,}999396 & < 2 < & 2{,}002225 \\
\quad \ldots & & & \ldots &
\end{array}
$$

Definition

> Eine Zahl x heißt irrationale Zahl genau dann, wenn x ein nicht periodischer unendlicher Dezimalbruch ist.

Zu den irrationalen Zahlen gehören zum Beispiel alle n-ten Wurzeln, deren Radikanden sich nicht als Potenzen mit dem Wurzelexponenten n darstellen lassen ($\sqrt{2}$, $\sqrt{3}$, $\sqrt{5}$, ...).

Die Menge der reellen Zahlen IR ist die Vereinigungsmenge der Menge der rationalen Zahlen IQ und der Menge der irrationalen Zahlen II (vergleiche Abbildung 15).

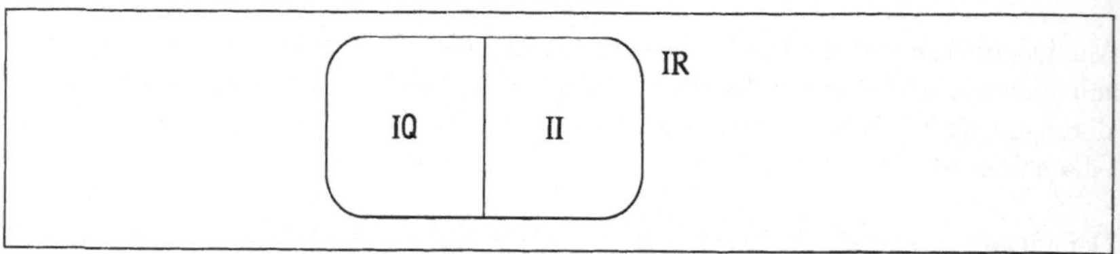

Abbildung 15: Vereinigungsmenge der Menge der rationalen Zahlen IQ und der Menge der irrationalen Zahlen II

Aufgaben zur Selbstüberprüfung:

44. Weisen Sie nach, daß die geordneten Paare (– 84, 180) und (105, – 225) von ganzen Zahlen quotientengleich sind.

45. Stellen Sie die Summe, die Differenz, das Produkt und den Quotienten der gegebenen Quotienten als Quotient von ganzen Zahlen dar.

    a) $(3:5)+(7:4)$ b) $(3:5)-(7:4)$ c) $(3:5)*(7:4)$
    d) $(3:5):(7:4)$

46. a) Erweitern Sie den Bruch 7 : 12 mit den ganzen Zahlen 3 und 4.
    b) Kürzen Sie den Bruch 150 : 45 derart, daß Zähler und Nenner teilerfremd sind.

47. Erweitern Sie den Bruch

    $\frac{5a-6b}{3a-5b}$ auf den Nenner $6a^2+2ab-20b^2$

48. Kürzen Sie den Quotienten

    $$\frac{x^2+x-2}{x^2+4x+4}$$

49. Berechnen Sie den Term

    $$1:36+2:21-3:70$$

50. Berechnen Sie den Term

    $$\frac{2}{x^2+4x+4}-\frac{3}{x^2-4x+4}-\frac{1}{x^2-4}$$

51. Berechnen Sie das Produkt

    $$\frac{x^2-2x+1}{x^2-1}*\frac{x^2+2x+1}{x^2}$$

52. Vereinfachen Sie den Quotienten

    $$\frac{x^2+4x+4}{x^2-4x+4}:\frac{x+2}{x-2}$$

53. Berechnen Sie den Quotienten der algebraischen Summen
    $(2u^2+5uv+3v^2):(u+v)$

54. Potenzieren Sie $\left(\frac{x-3}{a+4}\right)^2$

55. Lösen Sie die folgenden Gleichungen. Begründen Sie die Ergebnisse.

    a) $x^2=36:49$ b) $(3:4)^x=27:64$

Verzeichnis der Abbildungen

Literaturverzeichnis

dtv-Atlas zur Mathematik
Grundlagen, Algebra und Geometrie Band 1
Deutscher Taschenbuchverlag, 1991

Formelsammlung Mathematik I
Mengenlehre – Arithmetik – Algebra
Regeln, Erläuterungen, Beispiele
Cornelsen Verlag, Schwann – Girardet, Düsseldorf, 1989

Kusch, Lothar: Algebra Ausgabe A, Cornelsen Verlag,
Schwann – Girardet, Düsseldorf, 1989

Kusch, Lothar: Ergebnisse zu Algebra Ausgabe A, Cornelsen Verlag,
Schwann – Girardet, Düsseldorf, 1989

Lösungen der Aufgaben zur Selbstüberprüfung

1. a) wahr, b) wahr, c) falsch

2. a) falsch, b) wahr, c) falsch, d) wahr, e) falsch, f) wahr,
   g) falsch

3. a) wahr, b) falsch, c) wahr, d) falsch

4. a) p(0): $0 + 5 = 7$; falsch, p(1): $1 + 5 = 7$; falsch, p(2): $2 + 5 = 7$; wahr
   b) p(x): $5x = 10$, p(0) falsch, p(1) falsch, p(2) wahr
   c) p(x): $3x - x/3 = 8$, p(0) falsch, p(3): wahr, p(8): falsch

5. a) Für alle $x \in \mathbb{R}$ gilt: $x^2 \geq 0$.
   b) Es gibt ein $x \in \mathbb{N}_0$, so daß $x^2 - x = 0$ eine wahre Aussage ist.

6. a) falsch, b) wahr

7. a)

p	q	$p \wedge q$	$\neg(p \wedge q)$	$\neg p$	$\neg q$	$\neg p \vee \neg q$
w	w	w	f	f	f	f
w	f	f	w	f	w	w
f	w	f	w	w	f	w
f	f	f	w	w	w	w

   b)

p	q	$p \to q$	$\neg(p \to q)$	$\neg q$	$p \wedge \neg q$
w	w	w	f	f	f
w	f	f	w	w	w
f	w	w	f	f	f
f	f	w	f	w	f

8. „Der Student besteht die Prüfung genau dann, wenn der Student sich gewissenhaft vorbereitet hat."
   „Der Student besteht die Prüfung, und der Student hat sich gewissenhaft vorbereitet", oder „der Student besteht die Prüfung nicht, und der Student hat sich nicht gewissenhaft vorbereitet".

9. a) „7 ist kein Teiler von 154", falsche Aussage
   b) „$(-4)^2 \neq -16$ oder $4^2 \neq 16$", wahre Aussage
   c) „Die Straße ist naß und es regnet nicht", wahre Aussage.
   d) „Ein ebenes Viereck ist ein Quadrat und alle vier Seiten sind nicht gleich lang" oder „Ein ebenes Viereck ist kein Quadrat und alle vier Seiten sind gleich lang", wahre Aussage. Das ebene Viereck, das kein Quadrat ist und bei dem alle vier Seiten gleich lang sind, ist ein Rhombus.

10. a) $x \geq y$, b) $x < y$, c) $x < y$, d) $x < y$ oder $x > y$

11. a) falsch, b) wahr, c) falsch, d) wahr, e) wahr, f) wahr,
    g) falsch, h) wahr, i) wahr

12. a) wahr, b) falsch, c) falsch

13. a) falsch, b) falsch, c) falsch

14. a) $M = \{2\}$, b) $N = \phi$, c) $O = \mathbb{N}$

15. $\neg(A = B)$: Nicht für alle x gilt: $x \in A$ genau dann, wenn $x \in B$.
A ç B: Für alle x gilt: wenn $x \in A$, dann $x \in B$. Es gibt ein x, so daß $x \in B$ und $\neg(x \in A)$.

16. $Q \cap R = Q$, $Q \cup R = R$, $Q \cap V = Q$, $Q \cup V = V$, $R \cap V = R$, $R \cup V = V$, $(Q \cap R) \cup V = V$, $Q \cap (R \cup V) = Q$

17. $AxB = \{(a, 1), (b, 1), (c, 1), (a, 2), (b, 2), (c, 2)\}$

18. $U \cap V = \phi$, $U \cup V = \{u1, u2, u3, u4, v1, v2\}$, $u = 4$, $v = 2$, $x = 6$

19. Der Nachfolger der natürlichen Zahl 6 ist die natürliche Zahl $6 + 1 = 7$. Der Vorgänger von 6 ist 5, denn $5 + 1 = 6$

20. $A \cap B = \phi$, $A \cap C = \phi$, $B \cap C = \phi$, $(A \cup B) \cup C = \{a1, b1, b2, c1, c2, c3\}$,
$(A \cup B) \cup C = A \cup (B \cup C)$
$a = 1$, $b = 2$, $c = 3$, $x = (1 + 2) + 3 = 6$, $y = 1 + (2 + 3) = 6$

21. $3 < 8$, denn es gibt die natürliche Zahl 5, so daß $3 + 5 = 8$

22. $u = 3$, $v = 2$, $x = 3 * 2 = 6$
$U \times V = \{(u1, v1), (u2, v1), (u3, v1), (u1, v2), (u2, v2), (u3, v2)\}$

23. a) $2xu + 3xv + 5x$ b) $30xu + 35yu$ c) $24xu + 40yu$

24. a) $16u + 23v + 27w$ b) $16xy + 9ab + 24uv$

25. a) $2y + xy + 7x + 14$ b) $15x^2 + 20xy + 6xy + 8y^2 = 15x^2 + 26xy + 8y^2$

26. Es lassen sich $2^4 = 16$ verschiedene Zustände einstellen.

27. $2^{11} = 2048$

28. a) $3^2 * 4^2 = 9 * 16 = 144$ b) $27 * 64 = 1728$

29. a) $x^3y^2z^3$ b) $u^4v^2w^4$

30. a) $x = 2$ b) $x = 3$ c) $x = 3$ d) $x = 15$

31. a) wahr, denn $4 * 52 = 208$ b) falsch c) wahr

32.

12	=	2	*	2	*	3								
18	=	2			*	3	*	3						
50	=	2							*	5	*	5		
k. g. V.:		2	*	2	*	3	*	3	*	5	*	5	=	900

33. a) $2u(3v + 4) + 3(3v + 4) = (2u + 3)(3v + 4)$
b) $9(11 + d) + c(11 + d) = (9 + c)(11 + d)$

34. a) $\sqrt{625} = 25$, denn $25^2 = 625$
b) $\sqrt[3]{216} = 6$, denn $6^3 = 216$

35. a) $\log_{25} 625 = 2$, denn $25^2 = 625$
b) $\log_6 216 = 3$, denn $6^3 = 216$

36. a) wahr b) falsch c) falsch d) wahr e) falsch f) wahr
g) wahr h) falsch

7. $111 - 22 = 122 - 33$, denn $111 + 33 = 122 + 22$

8. a) $8 - 10$ b) $7 - 8$ c) $11 - 8$ d) $9 - 9$ e) $10 - 5$ f) $5 - 14$
g) $33 - 32$ h) $24 - 30$ i) $36 - 54$

9. a) -63 b) $+72$ c) -80 d) $+15$

40. a) $2x - 10yu + 14yv$ b) $24xu - 56yu + 27xv - 63yv$
c) $fg + 3f - 4g - 12$ d) $4x^2 - 12xy + 9y^2$ e) $49u^2 - 81v^2$

41. a) $3x(2y + 3z - 9u)$
b) $3f(5h + 7i) - 4g(5h + 7i) = (3f - 4g)(5h + 7i)$
c) $(2f - 3g)^2$ d) $(2f - 3g)(2f + 3g)$ e) $(x - 5)(x + 6)$

42. a) $(100 + 4)(100 + 4) = 100^2 + 800 + 16 = 10816$
b) $(100 - 4)(100 - 4) = 100^2 - 800 + 16 = 9216$
c) $(100 + 4)(100 - 4) = 100^2 - 16 = 9984$

43. a) $(-100) : (-25) = +4$, denn $-100 = (+4)(-25)$
b) $(+150) : (+15) = +10$, denn $+150 = (+10)(+15)$
c) $(-75) : (+5) = -15$, denn $-75 = (-15)(+5)$
d) $(+36) : (-12) = -3$, denn $+36 = (-3)(-12)$

44. $(-84) : 180 = 105 : (-225)$, denn $(-84) * (-225) = 105 * 180$

45. a) $(12 + 35) : 20 = 47 : 20$ b) $(12 - 35) : 20 = (-23) : 20$
c) $(3 * 7) : (5 * 4) = 21 : 20$ d) $(3 * 4) : (5 * 7) = 12 : 35$

46. a) $7 : 12 = (7 * 3) : (12 * 3) = 21 : 36$ b) $7 : 12 = (7 * 4) : (12 * 4) = 28 : 48$
c) $150 : 45 = 30 : 9 = 10 : 3$

47. $$\frac{5a - 6b}{3a - 5b} = \frac{(5a - 6b)(2a + 4b)}{(3a - 5b)(2a + 4b)} = \frac{10a^2 + 8ab - 24b^2}{6a^2 + 2ab - 20b^2}$$

48. $$\frac{(x - 1)}{(x + 2)} = \frac{(x + 2)}{(x + 2)} \qquad \frac{x - 1}{x + 2}$$

49.

36 =	2 *	2 *	3 *	3			35
21 =				3 *	7		60
70 =	2				7 *	5	18
	2 *	2 *	3 *	3 *	7 *	5	= 1260

$$\frac{35 + 2 * 60 - 3 * 18}{1260} = \frac{101}{1260}$$

50.

$x^2 + 4x + 4$	=	$(x + 2)^2$		$(x - 2)^2$
$x^2 - 4x + 4$	=		$(x - 2)^2$	$(x + 2)^2$
$x^2 - 4$	=	$(x + 2)$	$(x - 2)$	$(x + 2)(x - 2)$
		$(x + 2)^2$	$(x - 2)^2$	

$$\frac{2(x - 2)^2 - 3(x + 2)^2 - (x^2 - 4)}{(x + 2)^2(x - 2)^2} = \frac{-2x^2 - 20x}{(x+2)^2(x - 2)^2}$$

51. $\frac{(x-1)^2(x+1)^2}{(x-1)(x+1)x^2} = \frac{x^2-1}{x^2}$

52. $\frac{(x+2)^2(x-2)}{(x-2)^2(x+2)} = \frac{x+2}{x-2}$

53. $(2u^2 + 5uv + 3v^2) : (u + v) = 2u + 3v$

$$\begin{array}{l} -\ (2u^2 + 2uv) \\ \hline \qquad 3uv + 3v^2 \\ \quad -(3uv + 3v^2) \\ \hline \qquad\qquad 0 \end{array}$$

54. $\frac{(x-3)^2}{(a+4)^2} = \frac{x^2-6x+9}{a^2+8a+16}$

55. a) $x = 6:7$, denn $(6:7)^2 = 36:49$
b) $x = 3$, denn $(3:4)^3 = 27:64$

Stichwortverzeichnis